Fit for Future

Die Zukunft wird massive Veränderungen im Arbeits- und Privatleben mit sich bringen. Tendenzen gehen sogar dahin, dass die klassische Teilung zwischen Arbeitszeit und Freizeit nicht mehr gelingen wird. Eine neue Zeit – die sogenannte „Lebenszeit" – beginnt. Laut Bundesregierung werden in den nächsten Jahren viele Berufe einen tiefgreifenden Wandel erleben und in ihrer derzeitigen Form nicht mehr existieren. Im Gegenzug wird es neue Berufe geben, von denen wir heute noch nicht wissen, wie diese aussehen oder welche Tätigkeiten diese beinhalten werden. Betriebsökonomen schildern mögliche Szenarien, dass eine stetig steigende Anzahl an Arbeitsplätzen durch Digitalisierung und Robotisierung gefährdet sind. Die Reihe „Fit for future" beschäftigt sich eingehend mit dieser Thematik und bringt zum Ausdruck, wie wichtig es ist, sich diesen neuen Rahmenbedingungen am Markt anzupassen, flexibel zu sein, seine Kompetenzen zu stärken und „Fit for future" zu werden. Der Initiator der Buchreihe Peter Buchenau lädt hierzu namhafte Experten ein, ihren Erfahrungsschatz auf Papier zu bringen und zu schildern, welche Kompetenzen es brauchen wird, um auch künftig erfolgreich am Markt zu agieren. Ein Buch von der Praxis für die Praxis, von Profis für Profis. Leser und Leserinnen erhalten „einen Blick in die Zukunft" und die Möglichkeit, ihre berufliche Entwicklung rechtzeitig mitzugestalten.

Gerold Thaler

Vom Zeitmanagement zum Zeitbewusstsein

Wie Selbstbewusstsein Ihr Zeitmanagement revolutioniert

Gerold Thaler
Feldthurns, Italien

ISSN 2730-6941　　　　　　　　ISSN 2730-695X (electronic)
Fit for Future
ISBN 978-3-658-47599-4　　　ISBN 978-3-658-47600-7 (eBook)
https://doi.org/10.1007/978-3-658-47600-7

Die Deutsche Nationalbibliothek verzeichnet diese Publikation in der Deutschen-Nationalbibliografie; detaillierte bibliografische Daten sind im Internet über https://portal.dnb.de abrufbar.

© Der/die Herausgeber bzw. der/die Autor(en), exklusiv lizenziert an Springer Fachmedien Wiesbaden GmbH, ein Teil von Springer Nature 2025

Das Werk einschließlich aller seiner Teile ist urheberrechtlich geschützt. Jede Verwertung, die nicht ausdrücklich vom Urheberrechtsgesetz zugelassen ist, bedarf der vorherigen Zustimmung des Verlags. Das gilt insbesondere für Vervielfältigungen, Bearbeitungen, Mikroverfilmungen und die Einspeicherung und Verarbeitung in elektronischen Systemen.
Die Wiedergabe von allgemein beschreibenden Bezeichnungen, Marken, Unternehmensnamen etc. in diesem Werk bedeutet nicht, dass diese frei durch jede Person benutzt werden dürfen. Die Berechtigung zur Benutzung unterliegt, auch ohne gesonderten Hinweis hierzu, den Regeln des Markenrechts. Die Rechte des/der jeweiligen Zeicheninhaber*in sind zu beachten.
Der Verlag, die Autor*innen und die Herausgeber*innen gehen davon aus, dass die Angaben und Informationen in diesem Werk zum Zeitpunkt der Veröffentlichung vollständig und korrekt sind. Weder der Verlag noch die Autor*innen oder die Herausgeber*innen übernehmen, ausdrücklich oder implizit, Gewähr für den Inhalt des Werkes, etwaige Fehler oder Äußerungen. Der Verlag bleibt im Hinblick auf geografische Zuordnungen und Gebietsbezeichnungen in veröffentlichten Karten und Institutionsadressen neutral.

Springer Gabler ist ein Imprint der eingetragenen Gesellschaft Springer Fachmedien Wiesbaden GmbH und ist ein Teil von Springer Nature.
Die Anschrift der Gesellschaft ist: Abraham-Lincoln-Str. 46, 65189 Wiesbaden, Germany

Wenn Sie dieses Produkt entsorgen, geben Sie das Papier bitte zum Recycling.

Vorwort

Dieses Buch richtet sich an rational denkende Menschen in den ersten Berufsjahren, die karrieremäßig Orientierung suchen, mit wenig Selbstvertrauen ausgestattet und sich überfordert fühlen. Ziel dieses Buches ist es, junge Menschen zu befähigen, ihr Leben selbstbestimmt zu gestalten. Zeitbewusst leben zu können, ohne durch einen Schicksalsschlag oder einer Krankheit dazu gebracht zu werden. Es verdeutlicht, dass viel von ihrem zukünftigen Leben von der Stärke ihres Selbstvertrauens abhängt. Ein ausgeprägtes Selbstbewusstsein ermöglicht es Menschen, ein stärkeres Zeitbewusstsein zu entwickeln. Zeitbewusstsein bedeutet, sich der Endlichkeit der Zeit bewusst zu sein. Der Begriff suggeriert, dass Zeit die wertvollste Ressource in unserer Wohlstandsgesellschaft darstellt. Themen wie Selbstbewusstsein, Stress und Work-Life-Balance sind in allen Medien aktuell und aufgrund des rasanten Fortschritts vor allem in der Arbeitswelt besonders relevant. Im Bildungsbereich spielen neben den fachlichen Inhalten die Persönlichkeit und die Haltung gegenüber dem Leben eine immer wichtigere Rolle. Die Entwicklung der Künstlichen Intelligenz begünstigt zusätzliche Ängste und Verunsicherung über die Zukunft. Dieser Entwicklung kann vor allem mit einer ausgeprägten Resilienz und einem starken Selbstbewusstsein begegnet werden. Der renommierte Gehirnforscher Gerald Hüther betont, dass wir in einer Zeit leben, in der alte hierarchische Ordnungsstrukturen, die Jahrhunderte Bestand hatten, zerbrechen. Und er sieht die Lösung hauptsächlich darin, dass dieser äußere Kompass zum Beispiel in Form eines Vorgesetzten, der uns sagt, wo es langgeht, ersetzt wird durch einen inneren Kompass, einem eigenen Wertesystem. Das heißt, man muss in sich selbst etwas herausbilden, was einem hilft, sein eigenes Leben und das Zusammenleben mit anderen so zu gestalten, dass es für alle gut ist. Dieses Buch bietet Ihnen Einblicke in die verschiedenen Herausforderungen und Aspekte dieser Thematik und gibt Lösungsansätze, die sich auf die Vergangenheit, Gegenwart und Zukunft beziehen. Meine persönliche Erfahrung hat mir immer wieder gezeigt, dass ich besonders bei Dingen Selbstvertrauen geschöpft habe, die mir Spaß gemacht haben. Sachen, die ich gerne gemacht habe und in denen ich aufgegangen bin. Ich bin mir sicher: Es lässt sich einfacher leben, wenn wir zeitbewusst leben [1].

Zeitbewusstsein und Selbstbewusstsein stehen in einer wechselseitigen Beziehung. Ein zeitbewusster Lebensstil setzt Selbstbewusstsein voraus. Zeitbewusst zu leben bedeutet, im Hier und Jetzt zu agieren und bewusst Entscheidungen zu treffen. Bewusst das zu tun, für das ich mich selbst entscheide. Weder mit den Gedanken in der Vergangenheit schwelgen oder mit Sorge oder Vorfreude an die Zukunft denken. Umgekehrt korreliert ein starkes Selbstbewusstsein mit der Fähigkeit, selbstbewusste und autonome Entscheidungen zu treffen. Selbstbewusste Menschen sind sich der Richtung ihrer Entscheidungen mehr bewusst als der Geschwindigkeit ihrer Handlungen. Durch selbstbewusstes Handeln kann ein zeitbewussteres Leben geführt werden. Solche Personen nehmen meist eine holistische Perspektive ein, behalten ihren Lebenssinn im Blick und reflektieren kontinuierlich ihr Handeln sowie ihre Selbstwahrnehmung.

Einige Menschen entwickeln durch Erziehung und Umfeld das notwendige Selbstbewusstsein, um in der großen weiten Welt erfolgreich zu bestehen. Es ist essenziell zu erkennen, dass Erfolg, Karriere und Glück vor allem eines benötigen: Vertrauen in sich selbst. Das zu verstehen, ist ein Basisziel dieses Buches. Viele Menschen haben nicht gleiche Startbedingungen am Anfang ihrer beruflichen Karriere und ihres privaten Lebens. Sie stecken den Kopf einfach in den Sand, wenn Widerstände auftreten. Viele erwarten eine reibungslose Karriere und glauben, dass das Leben immer geradeaus geht. Sie erwarten für sich eine Autobahn und stellen nach der zweiten Arbeitsstelle und der dritten gescheiterten Beziehung ernüchternd fest, dass es sich immer mehr um eine kurvenreiche Bergstraße handelt. Zweifelnde, wie ich es auch war, stellen sich dann exakt genau diese Frage: Warum passiert genau mir das jetzt? Diese Frage bringt Sie nicht weiter. Sie realisieren nicht, dass dies nicht konstruktiv ist. Das Buch vermittelt, dass Selbstvertrauen nicht angeboren ist und systematisch aufgebaut werden kann: Sie können Selbstvertrauen selbst größer machen. Und dafür dürfen Sie eine Vergangenheit haben, die auch nicht ganz so ins Bild passt. Es ist sicher nie zu spät dafür. Diese Erkenntnis hat meinem Leben den entscheidenden Impuls zur persönlichen Weiterentwicklung gegeben, der lange Zeit gefehlt hatte. Ich habe so viel versucht und gemacht, aber bin nicht groß vorangekommen. Es war mir nicht bewusst, welche Schlüsselrolle das Selbstbewusstsein in unserem Leben einnimmt. Wenn ich heute darüber nachdenke, wird mir klar, wie viel Zeit ich verschwendet habe. Und wie viel Energie quasi ins Leere ging. Denn: Ohne Selbstbewusstsein können wir nicht wirklich produktiv sein!

Die meisten Menschen denken nun: Sie müssen etwas tun, was sie sich absolut nicht trauen. Wie soll das gehen? Aber genau das ist nicht der Fall. Sie müssen nicht sofort 100 m in die Tiefe springen, um dann kurz vor dem Aufprall vom Bungee-Seil doch noch gerettet zu werden. Und Sie müssen auch nicht umgehend vor 1000 Leuten eine Rede halten. Das Buch zeigt, dass bereits einfache, regelmäßige Übungen, die wenig Zeit in Anspruch nehmen, effektiv sein können. Es reicht aus, diese Übungen konsequent durchzuführen, auch wenn sie banal erscheinen. Viele Menschen glauben in diesem Zusammenhang, dass sie dafür die Augen schließen und tief durchatmen müssen. Damit wollen sie grundsätzlich nichts zu tun haben. Dieser Gedanke hat auch mich immer stark abgeschreckt. Dieses Buch richtet sich also an Menschen, die nicht sofort in die spirituelle Welt eintauchen möchten. Ich bitte Sie trotzdem, gehen Sie mit offenem Geist an dieses Buch heran. Seien Sie neugierig. Dieses Buch ist für mich eine Herzensangelegenheit. Deshalb danke ich allen, die mich in irgendeiner Form unterstützt haben. Ich wünsche Ihnen, dass Sie genauso viel Freude beim Lesen haben, wie ich beim Schreiben hatte. Zögern Sie nicht, mir zu schreiben, wenn Sie eine Geschichte besonders berührt und Sie im Leben voranbringt. Lassen Sie uns jetzt gemeinsam unserer so wertvollen Zeit bewusst werden.

Bozen
im Frühjahr 2025

Gerold Thaler

Literatur

1. Hüther, Gerald (2022): Wer nichts unternimmt, verliert seine Lebendigkeit. https://www.youtube.com/watch?v=EPusBDzUDog (aufgerufen am 04.12.2024).

Inhaltsverzeichnis

1 **Die Reise beginnt: Einführung ins Zeitmanagement** 1
   1.1 Was ist Zeitmanagement wirklich? 1
   1.2 Die drei Arten der Zeit: Vergangenheit, Gegenwart und Zukunft 5
   1.3 Selbstbestimmt oder selbstbewusst: Wo liegt der Unterschied? 8
   Literatur 12

2 **Die Basis legen: Zeitbewusstsein und Selbstvertrauen verstehen** 13
   2.1 Schluss mit der Opferrolle: Wie Angst uns lähmt 13
   2.2 Selbstvertrauen trifft Zeitmanagement: Ein unschlagbares Duo 20
   2.3 Warum Selbstvertrauen die geheime Zutat ist 24

2.4 Das Parkinson'sche Gesetz: Zeit ist
    dehnbarer, als Sie denken ... 26
Literatur ... 29

3 Selbstbewusst die Zeit meistern: Voraussetzungen für erfolgreiches Zeitmanagement ... 33
3.1 Bewusste Entscheidungen treffen: Der erste Schritt zur Freiheit ... 33
3.2 Wie selbstbewusstes Zeitmanagement gelingt ... 37
3.3 Vom Plan zur Praxis: Wie ich selbstbewusstes Zeitmanagement umsetze ... 40
   3.3.1 Gewohnheiten ... 42
   3.3.2 Rituale ... 47
Literatur ... 47

4 Hindernisse erkennen: Die Stolpersteine des Selbstvertrauens ... 49
4.1 Woher kommt mein geringes Selbstvertrauen? ... 49
4.2 Was man besser vermeiden sollte ... 56
   4.2.1 Vergleiche ... 56
   4.2.2 Negative Ereignisse ... 60
4.3 Woran erkenne ich mein niedriges Selbstvertrauen? ... 62
   4.3.1 Umgang mit Feedback ... 64
   4.3.2 Rechtfertigung ... 67
   4.3.3 Sprache ... 68
   4.3.4 Unklare Antworten ... 71
   4.3.5 Toleranz ... 72
   4.3.6 Körpersprache ... 73
   4.3.7 Sozialer Umgang ... 75

4.4	Die Macht der Bewusstseinsebenen	76
Literatur		79

5 Selbstvertrauen aufbauen: Strategien für die Vergangenheit, Gegenwart und Zukunft — 83

- 5.1 Unsere Vergangenheit — 83
  - 5.1.1 Erinnerungen und Erlebnisse — 84
  - 5.1.2 Unsere Heldentaten — 86
  - 5.1.3 Die Analyse — 87
  - 5.1.4 Das Erfolgstagebuch — 88
- 5.2 Unsere Gegenwart — 91
  - 5.2.1 Aktivität — 91
  - 5.2.2 Leben besteht aus Anstrengung — 93
  - 5.2.3 Neue Fähigkeiten aneignen — 94
  - 5.2.4 Die Macht der Pausen — 97
  - 5.2.5 Im Hier und Jetzt — 99
  - 5.2.6 Vertrauen in den Körper — 100
  - 5.2.7 Soziale Verbindungen — 102
  - 5.2.8 Fokus — 106
  - 5.2.9 Wahrnehmung — 110
  - 5.2.10 Neues Denken — 112
- 5.3 Unsere Zukunft — 115
  - 5.3.1 Nordstern — 116
  - 5.3.2 Ziele setzen — 120
  - 5.3.3 Ziele erreichen — 122
- Literatur — 124

6 Resümee und Zukunftsaussichten — 129
Literatur — 131

Über den Autor

Fotocredit: Sonja Kusstatscher

Gerold Thaler Berufsschullehrer und Zeitexperte, hat erkannt, dass bei jungen Erwachsenen und Berufseinsteigern ein schwach ausgeprägtes Selbstbewusstsein oft der Grund für berufliche und persönliche Schwierigkeiten ist. Seitdem ist es seine Berufung, Menschen zu helfen, ihre Zeit optimal zu nutzen und ihr Potenzial zu entfalten. Sein erstes Buch zum Zeitmanagement ist 2022 unter dem Titel „Lebst du schon oder hast du noch keine Zeit?" erschienen.

1

Die Reise beginnt: Einführung ins Zeitmanagement

1.1 Was ist Zeitmanagement wirklich?

Über Zeitmanagement wurde in den letzten 50 Jahren sehr viel geschrieben. Auch ich habe bereits ein Buch zu diesem Thema herausgebracht unter dem Titel „Lebst du schon oder hast du noch keine Zeit?"[1]. Zeitmanagement als Begriff ist etwas irreleitend, denn er impliziert, dass wir die Zeit managen können, die uns zur Verfügung steht. Und das ist nicht ganz korrekt. Weil im Grunde können wir nur unsere Tätigkeiten bestimmen. Und bei der Vielzahl an Möglichkeiten eine *bestimmte* Auswahl treffen. Wenn man Leute befragt, die sich mit Zeitmanagement befasst haben, sind sich alle einig: Zeitmanagement ist nichts anderes als Prioritäten setzen!

Haben Sie schon einmal etwas vom sogenannten Rebound-Effekt gehört? Der Rebound-Effekt zeigt sich in unserem Wirtschaftssystem und im Besonderen in unserer Energiewirtschaft: Wer effizienter wird, verbraucht deswegen nicht weniger an Ressourcen, sondern mehr. Zum Beispiel benötigen heute etwa Elektrogeräte weniger Strom als früher, dafür besitzen wir mehr davon und ersetzen sie häufiger durch neuere Modelle. Obwohl die Geräte weniger Energie verbrauchen, verbrauchen wir insgesamt als Gesellschaft mehr, weil wir mehr davon in der Küche haben [2]. Ich kann den Rebound-Effekt auch beim Zeitmanagement beobachten: Trotz immer effizienterer Zeitmanagement-Tools und erhöhter Mobilität haben wir immer weniger Zeit. Und das passiert meiner Meinung nach genau aus demselben Grund: Wir packen ständig noch mehr Dinge und Tätigkeiten auf unsere To-Do-Liste. Wir möchten immer noch mehr erledigt bekommen. Und am liebsten fast schon gleichzeitig.

Vielleicht sollten wir das Thema einmal von der philosophischen Seite betrachten. Zeit ist etwas, was wir als Menschen erfunden haben. In einigen Ländern gibt es für den Begriff Zeit zwei verschiedene Bezeichnungen. So sprechen die Griechen von *Chronos,* wenn sie die Zeit meinen, die wir mit der Uhr messen können. Gleichzeitig bezeichnen sie den richtigen Augenblick als *Kairos.* Sie meinen damit die gute Gelegenheit, den günstigen Zeitpunkt. Etwas klarer erscheint uns der Vergleich mit den uns leichter vorstellbaren Zeittypen: Chronos bedeutet die Vergangenheit und die Zukunft, während Kairos die Gegenwart ist. Oder man kann auch von Qualitätszeit (Kairos) und Quantitätszeit (Chronos) sprechen.

> Zeit ist nie gleich Zeit.

Ich habe mich schon immer gefragt, warum eine Stunde in der Kirche stehen oder eine Stunde an der Bar stehen, so unterschiedlich lange dauerten. Schmerzen im unteren Rückenbereich habe ich immer nur in der Kirche verspürt.

1 Die Reise beginnt: Einführung ins Zeitmanagement

Meine Mutter hat mich wiederholt darauf hingewiesen, dass eine Stunde gleich eine Stunde ist. Ich habe immer schon verstanden, dass das nicht dasselbe ist. Zeit ist nicht linear. Zeit ist nie gleich Zeit. Woran liegt es? Offensichtlich auch daran, dass wir die Dinge so unterschiedlich gerne tun. Das beeinflusst unsere Zeitwahrnehmung.

Zeit hat mittlerweile dem Geld als wertvollste menschliche Ressource den Rang abgelaufen. Sie kennen sicher den Spruch „Zeit ist Geld" von Benjamin Franklin. Der ist heute, über 250 Jahre später, nicht mehr ganz so gültig. Zeit ist mehr als Geld! Zeit kann nicht konserviert und gelagert werden. Zeit kann auch nicht auf die Seite oder auf die hohe Kante gelegt werden. Oder Sie kennen vielleicht die bekannte Geschichte von Momo und den grauen Männern aus dem Jahre 1973. Diese Herren benötigen Zeit zu deren Überleben und stehlen sie von anderen Menschen. Das sind sozusagen Zeitdiebe. Sicher kennen Sie auch den einen oder anderen Zeitdieb in Ihrem persönlichen Umfeld. Zeit muss sozusagen in dem Moment, wo sie ist, verbraucht werden. Deshalb ist sie auch so wertvoll. Aber kann ich Zeit nun wirklich verbrauchen? Zeit ist im Grunde ja tot. Sie bewegt sich nicht. Irgendwie ist sie vielleicht doch nur eine Erfindung von uns Menschen. Rene Egli schreibt in seinem Buch „Das RoLa-Prinzip – Teil2", dass Zeit eine Illusion ist. Er spricht in diesem Zusammenhang von der Nullzeit. Es gibt seiner Meinung nach nur die Zeit im Hier und Jetzt. Dabei geht es ihm, hauptsächlich um eine Bewusstseinsänderung herbeizuführen [3].

Wenn wir verschiedene philosophische Ansätze betrachten, dann, wenn Sie so wollen, entspricht es am ehesten der Existenzialistischen Perspektive. Ein existenzialistischer Philosoph wie Jean-Paul Sartre betont die individuelle Verantwortung und die Freiheit der Entscheidung. Zeitmanagement aus existenzialistischer Sicht bedeutet, die Bedeutung von Zeit und die Knappheit des Lebens anzuerkennen. Es geht darum, bewusste Entscheidungen zu treffen, die zu einem sinnvollen Leben führen, indem man sich auf das Wesentliche konzentriert und Zeit nicht verschwendet. Der antike Philosoph Seneca fragt sich hierzu wörtlich: „Sieh dir nur einmal an, wie viele Fragen es zu diesem einen Thema, der Zeit, gibt. Zunächst einmal: Hat sie eine eigene Existenz? Existiert etwas vor der Zeit, unabhängig von ihr? Hat sie gemeinsam mit dem Universum begonnen, oder hat sie schon vorher existiert, weil es vor dem Universum schon etwas gegeben hat?" [4]

Um auf die Frage zurückzukommen: Kann ich also meine Zeit managen? Die Zeit an sich nicht, wie wir festgestellt haben. Aber wir können bestimmen, was wir tun. Stimmt das? Können wir frei bestimmen, was wir heute, in diesem Moment, tun? Da kommen wir wieder ins Grübeln. Irgendwie sind wir nicht ganz so frei in unserer Entscheidung, jetzt, in diesem Augenblick. Wir sind vielleicht gerade beim Arbeiten in der Firma. Oder wir passen auf unsere Kinder auf. Oder wir ruhen uns aus. Oder wir essen zu Mittag. Wir stellen fest, dass wir in Abhängigkeiten leben. Wir sind uns nicht sicher, ob es klug wäre, frei zu entscheiden, von einem Augenblick auf den anderen, etwas total anderes zu machen. Das könnte vielleicht schwerwiegende Konsequenzen haben. Deshalb fühlen wir uns auch nicht ganz frei in unserer Entscheidungsfindung, was wir jetzt Wichtiges zu tun haben. Oder Dringendes? Das sind die zwei bekannten Kriterien, die uns helfen, Prioritäten setzen zu können.

„Die Zeit", sagt Rolf Küper, Autor des Bestsellers „Eine Million Minuten", „ist doch das eigene Leben, das schon da ist, bevor man aus irgendwelchen merkwürdigen Gründen anfängt, es erst einmal in Geld zu tauschen, um sich dann beinahe verstohlen hier und da und irgendwann ein bisschen etwas zurückzukaufen vom eigenen Leben [5]." Rolf Küper stand genau vor dieser Herausforderung. Er war angehender Professor und kurz vor dem großen Karrieresprung. Bis er bemerkte, dass er am Leben vorbeilebte und nicht imstande war, berufliche und familiäre Herausforderungen gleichzeitig zu meistern. Er ließ alles liegen und stehen und ging mit seiner Familie für eine Million Minuten auf Reise.

1.2 Die drei Arten der Zeit: Vergangenheit, Gegenwart und Zukunft

Wenn wir uns mit unserem Umfeld, mit unseren Freunden und Bekannten, unterhalten, dann tauschen wir uns oft über die Vergangenheit oder die Zukunft aus. Vielleicht ist Ihnen das bereits auch aufgefallen. Selten sprechen wir über den Augenblick, den wir gerade erleben. Wir erzählen über die wunderbaren Ereignisse der Vergangenheit oder die schrecklichen Zwischenfälle, die wir erlebt haben. Wir schwelgen in Erinnerungen und haben die Bilder im Kopf, von denen wir erzählen. Und wir erklären unseren Freunden und unserer Familie, was wir in Zukunft noch alles vorhaben. Wir tauschen uns über die Urlaubsziele in diesem Jahr aus. Wir verraten unsere beruflichen Pläne und wir teilen die Veranstaltungen mit, die wir besuchen möchten. Im Grunde bewegen wir uns gedanklich entweder in der Vergangenheit, in der Gegenwart oder in der Zukunft.

Über die Zukunft und die Vergangenheit sprechen wir, das ist bereits passiert oder es kommt noch auf uns zu. Über die Gegenwart ist es dagegen viel schwieriger zu reden. Vielleicht sinnieren wir daher so gerne über das Wetter. Da sprechen wir ganz oft über unsere Gefühle. Wie das, was gerade ist, auf uns wirkt. Aber in der Gegenwart, da findet das Leben statt. Da müssen wir aktiv sein. Da gestalten wir. Da liegt unsere Kraft. Da setzen wir um. Da bestimmen wir. Da bestimmen wir selbst. Da sind wir uns selbst bewusst.

Warum sinniere ich über diese drei Arten von Zeit? Im Grunde ist es mir einfach wichtig, aufzuzeigen, dass alle drei Zeitarten eine wesentliche Rolle in unserem Leben spielen. Wir können sie nicht ignorieren, wir können unsere Vergangenheit zum Beispiel nicht löschen. Obwohl wir uns das manchmal vielleicht wünschen. Aber die unterschiedliche Betrachtung und das Bewusstsein über diese Zeitarten hilfts uns, bestimmte Dinge in unserem Leben besser zu verstehen. Und es hilft uns, und darum geht es mir hauptsächlich, unsere Zeit, bewusster, selbst-bewusster zu leben. Unser Leben selbst-bewusster zu gestalten. Dabei möchte ich in diesem Buch weniger darauf eingehen, ob es sinnvoll ist, zu lange mit unserer Vergangenheit zu beschäftigen oder ständig nur in der Zukunft zu leben. Das möchte ich nicht grundsätzlich bewerten. Denn wir können unsere Vergangenheit ja nicht mehr ändern. Das ist definitiv so, daran gibt es nichts zu rütteln. Wir haben keinen direkten Einfluss mehr auf das, was geschehen ist. Und die Zukunft, die ist noch vor uns. Wir können nicht wirklich vorhersehen, was noch alles auf uns zukommt.

> Zeitbewusstsein bedeutet für mich selbstbewusstes Zeitmanagement.

Vielmehr geht es mir darum, Werkzeuge aufzuzeigen, die Ihnen und mir helfen, unsere Zeit selbst-bewusster zu gestalten. Und diese Werkzeuge beziehen sich einmal mehr

1 Die Reise beginnt: Einführung ins Zeitmanagement

auf die Vergangenheit, manchmal auf die Gegenwart und auch auf die Zukunft. Und das zeigt dann wieder, dass die Zeit vielleicht doch ein unzertrennlich Ganzes ist, wie Mahatma Ghandi über das Leben sagt. Dass es zusammengehört, das Vergangene, das Gegenwärtige und das Zukünftige. Unsere Persönlichkeit und unser Selbstbewusstsein wird von allen drei Zeitarten beeinflusst. Dabei ist schwer zu sagen, welche davon für unser zukünftiges Selbstbewusstsein und Zeitbewusstsein wichtiger ist. Alle drei können uns helfen, selbst-bewusster unsere Entscheidungen zu treffen, wie wir unsere Zeit verbringen. Schlicht und einfach gesagt bedeutet Zeitbewusstsein für mich, selbstbewusst unsere Zeit zu verbringen oder selbstbewusst unser Leben zu leben. Ich nenne Zeitbewusstsein auch selbstbewusstes Zeitmanagement.

Ich kann sagen, dass die Vergangenheit uns hauptsächlich dabei hilft, zu analysieren und zu reflektieren. Uns bestimmte Dinge ins Bewusstsein zu bringen. Die Zukunft dagegen hilft uns grundsätzlich vorauszuschauen. Was möchten wir tun, sein und haben? Und in der Gegenwart treffen wir die Entscheidungen. Wir legen die Weichen. Wir handeln.

Die durch ihre spektakulären Experimente beim US-amerikanischen Militär bekanntgewordene Achtsamkeitsforscherin, Amishi P. Jha, beschreibt in ihrem Buch „Peak Mind", dass wir durch Aufmerksamkeit sogar die Fähigkeit verliehen bekommen, die Zeit zu verlangsamen, indem wir zum Beispiel einen Sonnenuntergang betrachten. Die Aufmerksamkeit ermöglicht uns aber auch genauso Zeitreisen: Wir können durch unsere glücklichen Erinnerungen streifen und eine auswählen, sie auspacken, wieder erleben und genießen. Aber wir können sie auch benutzen, um in die Zukunft zu blicken, als sähen wir alles vor uns [6].

Im Grunde unterscheidet uns von den Tieren, dass wir so etwas wie Vergangenheit und Zukunft denken können. Tiere leben nur in der Gegenwart. Sie fliehen ausschließlich vor tatsächlich sichtbaren Gefahren und wenn sie es geschafft haben, machen sie sich keine weiteren Sorgen. Unsere Möglichkeiten des Denkens von Vergangenheit und Zukunft kann uns hingegen auch schaden, indem uns eine Erinnerung oder die Voraussicht Angst einflößt. Der römische Philosoph Seneca meint, dass niemand allein wegen der Gegenwart unglücklich ist [7].

Seneca legt noch einen drauf, indem er einen Spruch aus Griechenland zitiert: „Ein törichtes Leben ist leer an Dankbarkeit, voll von Angst: Es ist ganz auf die Zukunft ausgerichtet [8]."

1.3 Selbstbestimmt oder selbstbewusst: Wo liegt der Unterschied?

Wenn wir unser Leben genauer betrachten, dann ist der Anteil dessen, wo wir selbst entscheiden, selbst über uns bestimmen dürfen, ein hohes Gut. Dem Gegenüber liegt der Teil des fremdbestimmten Lebens. Wo andere bestimmen, was wir zu tun haben. Aus bedürfnistheoretischer Sicht nach Maslow spielt die Selbstbestimmung, ab dem Zeitpunkt, wo unsere materiellen Bedürfnisse gedeckt sind, eine große Rolle in unserem Leben. Selbstbestimmung bedeutet im Grunde Freiheit. Die Freiheit der Entscheidungsfindung. Das spornt uns an und motiviert uns. Es ist ein erhebendes Gefühl, wenn wir über unser Leben selbst bestimmen dürfen. Wir bestimmen zum Beispiel selbst, was, wann und wo wir arbeiten wollen. Wir bestimmen selbst, was wir in unserer Freizeit machen. Fremdbe-

1 Die Reise beginnt: Einführung ins Zeitmanagement

stimmt bedeutet immer ein Gefühl, von jemand abhängig zu sein. „Wenn wir allerdings nicht gut aufpassen, reiht sich im Leben eine Aufgabe, die wir nicht selbst gewählt haben, an die andere. Verschiedene Menschen laden sie einfach bei uns ab, und das belastet uns und laugt uns aus [9]." Das führt in der Folge bei vielen Menschen zu Stress. Daher müssen diese gestressten Menschen nicht nur mit ihren eigenen Belangen fertigwerden, sondern sich auch mit all den Problemen auseinandersetzen, die andere Leute bei ihnen abladen. Rolf Küper hielt sich für einen echten Profi im Zeitmanagement. Aber seit er, wie er sagt, zu einem durchemanzipierten Mann mutiert war, der in Bonn Job und ein tiefenentspanntes Kind unter einen Hut bringen musste, kam er nicht mehr mit. Er sagt, statt Zeit hatte er bisher To-do-Listen. Dabei ist Zeit doch nur eine andere Bezeichnung für Leben. Er stellte ernüchternd fest, dass auf den blöden To-do-Listen die wirklich wichtigen Dinge überhaupt nicht draufstehen [5].

> „Zeit" ist nur eine andere Bezeichnung für „Leben".

Was hat es jetzt aber mit selbstbewusstem Zeitmanagement auf sich? Ist Selbstbestimmtheit nicht bereits das Maximum, was wir anstreben können? Vielleicht scheint das so. Mir stellt sich aber die Frage, ob wir selbstbestimmte Handlungen auch gerne ausführen. Das ist für mich keine automatische Schlussfolgerung. Eine selbstbestimmte Handlung ist für mich immer noch in einem weiteren Rahmen eine gewisse Abhängigkeit gegeben. Ich bestimme in meinem persönlichen Kontext, was ich jetzt mache. Ich wähle diese Entscheidung unter Berücksichtigung der Rahmenbedingungen, denen ich ausgesetzt bin. Aber meine Frage ist jetzt: Ist das auch eine selbstbewusste Entscheidung. Bereitet es mir Freude? Gebe ich mich jetzt dieser Tätigkeit ganz und gar hin? Mit meinem ganzen Enthusiasmus? Nur wenn ich mich auch (selbst-)bewusst dafür entscheide und mit meiner ganzen Leidenschaft, mit meinem ganzen Bewusstsein. Nur wenn das so ist, dann entsteht für mich dieses besondere Gefühl der inneren Ruhe, der Ausgeglichenheit, der Freude und Dankbarkeit. Wir sprechen von einem Zustand im Flow. Wir fühlen dann Flow.

Und das bedeutet für mich SELBSTBEWUSSTES Zeitmanagement. Ich entscheide nicht nur selbst, was ich mache, sondern ich bin auch bewusst mit meinem ganzen ICH dabei und mache es auch gerne. Das ist für mich der wesentliche Unterschied. Ich spüre absolutes Einssein mit der Tätigkeit. Ich spüre auch nicht im Ansatz irgendwelche Abhängigkeiten des Lebens.

Und wie können wir nun selbstbewusstes Zeitmanagement umsetzen? Da muss ich mir zuerst klar (bewusst) werden, was ich gerne mache. Das klingt zwar auf den ersten Augenblick einfach und banal, ist es dann aber nicht immer. Bin ich mir bewusst, was ich machen möchte? Bin ich mir bewusst, was ich werden möchte? Was ich einmal sein möchte? Habe ich überhaupt noch Vorstellungen davon? Ist es nicht vielmehr so, dass ich als Kind einmal Träume hatte, an die ich mich aber kaum noch erinnern kann. Träume ich heute noch von bestimmten Dingen? Um nun selbstbewusste Entscheidungen treffen zu können, muss ich mir vorab diese Fragen stellen und in aller Ruhe beantworten. Das kann niemand für mich übernehmen, das muss ich selbst erledigen. Dafür muss ich mir die nötige Zeit nehmen. Mir muss bewusstwerden, wie wichtig dieser Punkt für mich ist. Ich muss immer wieder darüber nachdenken.

> Zeit, die in hektischen Phasen knapp ist, wird als wertvoller empfunden als Zeit, die unbegrenzt verfügbar scheint.

1 Die Reise beginnt: Einführung ins Zeitmanagement

In Phasen hoher beruflicher oder privater Beanspruchung verspüren viele Menschen den starken Wunsch, über mehr Zeit zu verfügen, um beispielsweise verstärkt ihren Hobbys nachzugehen. Interessanterweise treten jedoch mitunter Situationen ein, in denen plötzlich mehr freie Zeit zur Verfügung steht, etwa durch einen Berufswechsel oder eine krankheitsbedingte Auszeit. Von einem Moment auf den anderen haben wir plötzlich so viel mehr Zeit als wir gewohnt sind. Zu Beginn einer solchen Phase nehmen wir die neu gewonnene Zeit häufig als besonders erfüllend und befreiend wahr. Doch nach einer gewissen Zeit stellt sich bei vielen Menschen ein innerer Drang ein, diese Freiheit produktiv zu nutzen – insbesondere für Aktivitäten, die zuvor zeitlich nicht möglich schienen. Es zeigt sich jedoch eine bemerkenswerte Diskrepanz: Obwohl nun ausreichend Zeit verfügbar ist, fällt es uns häufig schwer, diese tatsächlich für die angestrebten Aktivitäten zu nutzen. Ein Beispiel dafür ist der Wunsch, durch regelmäßige sportliche Betätigung die körperliche Fitness zu steigern. Während diese Vorstellung in stressreichen Zeiten besonders reizvoll erscheint, verliert sie paradoxerweise in der Phase der möglichen Umsetzbarkeit an Attraktivität. Dieses Phänomen kann auf die veränderte Wahrnehmung von Zeit zurückgeführt werden. Zeit, die in hektischen Phasen knapp ist, wird als wertvoller empfunden als Zeit, die unbegrenzt verfügbar scheint. So erfordert die Umsetzung der ursprünglich begehrten Vorhaben in freien Phasen oft eine erhebliche Selbstdisziplin und Überwindung – eine Herausforderung, die vielen Betroffenen zunächst nicht bewusst ist.

Deshalb ist es wichtig, bevor wir uns Zeit wortwörtlich freischaufeln, auch bewusst zu werden, was wir mit dieser Zeit auch anfangen. Oder anders gesagt, was wir in dieser Zeit tun wollen. Kein klares Ziel zu haben ist für mich genau das Gegenteil von SELBSTBEWUSSTEM Zeitmanagement. Vielmehr ist selbstbewusstes Zeitmanagement strategisch anzugehen, damit es auch langfristig wirkt.

Literatur

1. Thaler, Gerold (2022): Lebst du schon oder hast du noch keine Zeit? Warum manche Menschen immer Zeit haben und manche nie. Norderstedt, BoD – Books on Demand.
2. Göpel, Maja (2020): Unsere Welt neu denken. Eine Einladung, 19. Edition, Berlin, Ullstein.
3. Egli, Rene (2005): Das LOL^{2}A-Prinzip. Die Vollkommenheit der Welt. 31. Auflage, Oetwil a.d.L., Editions d'Olt.
4. Seneca, Lucius Anneus (2023): Briefe an Lucilius. Mit einer ausführlichen Einleitung von Robin Campbell, gebundene Ausgabe, Seite 197, München, Finanzbuchverlag.
5. Küper, Wolf (2018): Eine Million Minuten. Wie ich meiner Tochter einen Wunsch erfüllte und wir das Glück fanden, 2. Auflage, München, Penguin Verlag.
6. Aurel, Marc (2018): Selbstbetrachtungen, Seite 24, Eclassica.
7. Amishi P., Jha (2022): Peak Mind. In nur zwölf Minuten am Tag zu mehr Konzentration und Aufmerksamkeit, Seite 38ff, München, Redline Verlag.
8. Seneca, Lucius Anneus (2023): Briefe an Lucilius. Mit einer ausführlichen Einleitung von Robin Campbell, gebundene Ausgabe, Seite 47, München, Finanzbuchverlag.
9. Seneca, Lucius Anneus (2023): Briefe an Lucilius. Mit einer ausführlichen Einleitung von Robin Campbell, gebundene Ausgabe, Seite 76, München, Finanzbuchverlag.
10. Strelecky, John (2020): Was ich gelernt habe. Erkenntnisse für ein glückliches Leben. Seite 123, 2. Auflage, München, dtv Verlagsgesellschaft mbH & Co. KG.

2

Die Basis legen: Zeitbewusstsein und Selbstvertrauen verstehen

2.1 Schluss mit der Opferrolle: Wie Angst uns lähmt

Opferrolle Dieses Thema ist vielleicht das Wichtigste von allen. Darüber gibt es unzählige Bücher nur über dieses eine Thema. Ich möchte mich deshalb so kurz wie möglich halten. Wir sollten einmal unsere Einstellung auf den Prüfstand stellen. Fühlen wir uns manchmal als Opfer? Fühlen wir uns sogar immer als Opfer irgendwelcher Machenschaften? Da geht es nicht nur um Gefühle in irgendwelchen Situationen. Nein, da geht es um viel mehr. Es geht um unsere tiefsten Überzeugungen. Um unsere Einstellung zu dem, was ist und was passiert, jeden Tag. Geben wir da vielleicht öfters anderen die Schuld? Wobei „Schuld" ein Wort mit großer Wirkung ist. Deshalb ist es vielleicht besser, von „Verantwortung" zu sprechen.

Wem wir die Schuld geben, dem geben wir die Macht [1]. Bitte lesen Sie diesen Satz noch einmal durch. Ich selbst habe ihn wahrscheinlich zwanzig Mal durchgelesen, um ihn in der Tiefe zu verstehen. Tatsächlich ist das so wahr. Wenn ich in jeder unangenehmen Situation jemand anderem die Schuld gebe, dann ist mein Gemütszustand, mein Lebensglück, in diesen Momenten von jemand anderem abhängig. Je nachdem, was dieser Mensch tut. Ob mein Chef mich oder meinen, sich ständig anbiedernden Kollegen, befördert. Meine Frau mich in den Arm nimmt oder mir vorwurfsvoll unterstellt, schon wieder nicht den Müll entsorgt zu haben. Meine Kinder auf meinen liebgemeinten Rat pfeifen. Man könnte sagen: So ist das Leben. Manchmal passiert dies und manchmal jenes. Manchmal haben wir Glück und manchmal eben nicht. Wir können das nicht ändern. Das stimmt natürlich. Aber wir können ändern, wie wir die Dinge interpretieren. Wir können selbst bestimmen, wie wir die Situation bewerten. Welchen Unterschied macht das aus? Sehr viel. Denn genau daraus leiten wir unsere Gefühle ab, wie wir die Situation einschätzen. Und unsere Gefühle bestimmen dann unsere Antwort darauf. Unser Handeln. Und das ist das Entscheidende. WIE HANDELN WIR? Wir alle tun Dinge, von denen wir uns wünschen, wir hätten sie nicht getan. Manchmal lassen sie uns nicht einschlafen und sie erscheinen einem als große Fehler, doch später, im Rückblick, stellt es sich heraus, dass sie klein sind. Deshalb ist das Bereuen von Fehlern verlorene Mühe [2].

> Wir können ändern, wie wir die Dinge interpretieren.

Um noch einmal auf den Satz zurückzukommen: In der Folge bedeutet das, dass dieser jemand, dem wir die Schuld geben, könnte tatsächlich bewusst etwas machen, was wir nicht für gut finden. Was uns vielleicht in Rage bringt. Dann hat dieser Mensch in der Tat Macht über uns. Über unsere Gefühle. Und unsere Gefühle sind so wichtig. Wie wichtig, darauf werde ich im Abschn. 5.2.10 noch genauer eingehen.

„Was kann ich dafür?", sagen wir, wenn wir uns wieder einmal als Opfer fühlen. Bodo Schäfer empfiehlt, diesen Satz, um ein kleines Wort zu ergänzen: „Was kann ich dafür tun?" In dem Moment übernehme ich die Verantwortung über die Situation. Dieses eine kleine Wort ändert die Perspektive gänzlich. Ich reiße das Ruder herum und an mich. Das ist zwar nicht immer angenehm. Aber dafür wächst mein Selbstvertrauen. Und ich habe die Kontrolle über mich und die Situation. Wenn ich mich als Opfer fühle, bedeutet das im Grunde, dass ich hilflos bin. Dass ich keine Kontrolle habe. Dass ich nichts beeinflussen kann. Das führt dann ganz schnell zu Resignation. Da müssen wir sehr aufpassen. Zu wissen, die Situation unter Kontrolle zu haben, das gibt uns sehr viel Selbstvertrauen.

Viktor Frankl war Jude. Die Nazis sperrten ihn in verschiedene Konzentrationslager. Dort erlebte er unfassbar schreckliche Dinge. Eines Tages war er nackt und allein in einem kleinen Raum. Da wurde ihm etwas bewusst, was er später die „letzte Freiheit des Menschen" nannte. Diese Freiheit konnten ihm die Nazi-Schergen nicht nehmen. Sie konnten seine gesamte Umgebung kontrollieren; sie konnten mit seinem Körper machen, was sie wollten. Aber seine innerste Identität war unantastbar. Es lag an ihm, zu entscheiden, wie sich das alles auf ihn auswirken würde. Er hatte die Freiheit, seine Reaktion selbst zu wählen. Mithilfe von mentalen, emotionalen und moralischen Übungen lebte Frankl diese Freiheit aus. Zunächst war diese Freiheit winzig klein. Doch sie wuchs und wuchs. So wurde Frankl zu einer wichtigen Stütze für seine Mitgefangenen und sogar für einige der KZ-Aufseher [3].

Die stoischen Philosophen, deren bekanntester Vertreter vielleicht Seneca ist, glauben, dass sogar ein Sklave als

„frei" oder gar als „König" bezeichnet werden kann, wenn er über Tugenden wie Weisheit und Tapferkeit verfügt [4].

Mit Sicherheit haben Sie bereits öfters die Erfahrung gemacht, dass Sie sich hilflos fühlten, ohnmächtig. Das Wort bedeutet im Kern, dass wir in dem Moment ohne Macht sind. Ich kann mich noch schmerzhaft daran erinnern, als ich mich im spätjugendlichen Alter von nicht einmal dreißig Jahren so richtig ohnmächtig fühlte. Damals musste ich aufgrund von schweren körperlichen Beschwerden mit meinem geliebten Fußball aufhören. Neben einem Bandscheibenvorfall wurde zusätzlich auch noch starke Hüftarthrose beidseitig diagnostiziert. Ich hatte keine Kontrolle mehr und fühlte mich als Opfer. Ich gab allem anderen die Schuld, nur alleine mir nicht. In der Rückschau betrachtet ist es oft so, dass wir manchmal sehr schmerzhafte Erfahrungen machen müssen, um einen Lernprozess in Gang zu setzen. Es ist ein Naturgesetz, dass wir uns weiterentwickeln müssen, damit wir wachsen können. Und in dem Moment war ich im Stillstand. Derartige Prozesse helfen uns also, die Situation besser zu verstehen. Darüber hinaus helfen sie uns, andere Entscheidungen zu treffen und andere Handlungen vorzunehmen als in der Vergangenheit. Denn alle bisherigen Entscheidungen und Handlungen haben mir meine Situation maßgeblich eingebracht. Und um zu lernen, was geändert werden muss, braucht es diese Signale. Leider habe ich die ersten Signale nicht wahrgenommen. Ich habe im weiteren Verlauf viel über Krankheit und Gesundheit gelernt. Auf den Punkt gebracht habe ich unter anderem gelernt: Selten kommt eine Krankheit von heute auf morgen.

Jetzt bin ich dankbar, so wie es gekommen ist. Ich habe die Situation in einer für mich zufriedenstellenden Weise gelöst. Ich bin meistens schmerzfrei und bin in keiner Weise in meiner Bewegung eingeschränkt. Natürlich habe ich auch noch viele andere Situationen erlebt, in denen ich mich als Opfer gesehen habe. Und mich selbst bemitleidet habe. Das kennen Sie vielleicht auch. Aber ich habe gelernt, es anders anzugehen. Ich versuche, die Verantwortung zu übernehmen. Ich schaue, was ich Mögliches tun kann, und handle dann. Und das eröffnet dann meistens ungeahnte Möglichkeiten. Gefühle wie Frust und Wut sind im Grunde nur ein Treibstoff unseres Lebens. Es sind immer auch Zeichen, dass wir etwas ändern müssen.

Wir sollten also unsere Opferrolle ablegen. Denn so hart es auch klingt: Für die meisten Situationen tragen wir selbst die Verantwortung, sind wir selbst schuld. Ich möchte niemanden zu nahetreten und deshalb wirklich schwere Schicksalsschläge davon ausnehmen. Bodo Schäfer geht sogar einen Schritt weiter. Er behauptet: Wer ein geringes Selbstvertrauen hat, hat gewählt, dass er nichts Besonderes ist [5]. Wer ein geringes Selbstvertrauen besitzt, der hat bewusst gewählt, nichts Besonderes zu sein, niemand Besonderes zu sein. Im Gegensatz dazu haben Menschen, die selbstbewusst sind, bewusst gewählt, dass sie etwas Besonderes sind.

Mir gefallen die Worte des römischen Kaisers und Philosophen Marc Aurel, der empfiehlt, sich nicht mehr zu beklagen und damit auch das Übel verschwindet [6]. Sie kennen bestimmt solche Momente, in denen Sie sich fragen, warum genau Ihnen das immer wieder passiert. Die Warum-Frage ist in diesem Falle naheliegend, in der Regel aber sinnlos. Fragen Sie sich besser: Wofür oder wozu ist mir das passiert? [7]

Wie sehr unsere Einstellung dazu beiträgt, ein erfüllendes Leben zu haben, das beschreibt der durch sein Aufsehen erregende Besteigung des Mount Everest berühmtgewordene Andy Holzer in seinem Buch „Balanceakt". Durch seine Blindheit ist er natürlich in besonderer Weise auf andere angewiesen. Das könnte er jetzt als grundsätzliche Benachteiligung sehen oder als große Ungerechtigkeit.

Doch er sieht es als Chance und in manchen Situationen sogar als Stärke. Er hat gelernt, dass es in extremen Situationen nicht darauf ankommt, was man hat oder nicht hat, sondern, wie man mit seinen eigenen Defiziten und miteinander umgeht [8]. Schnell könnten wir auch eine andere Meinung annehmen. Wir könnten uns benachteiligt fühlen, wenn wir mit einer körperlichen Einschränkung auf die Welt kommen oder einen schweren Schicksalsschlag hinnehmen müssen. Da ist das Gefühl der Ungerechtigkeit nicht weit weg. Die Frage „Warum gerade ich?" haben wir uns bereits bei viel kleineren Unannehmlichkeiten mit Sicherheit schon öfters gestellt. Dabei sehen wir an diesen starken Persönlichkeiten wie Andy Holzer, dass wir trotzdem immer auch eine Wahl haben: Das Leben ist, wie es ist. Akzeptieren Sie das! Das Leben an sich ist nicht ungerecht. Wenn wir darüber diskutieren, werden wir immer etwas finden, was wir als ungerecht empfinden. Wir machen da schnell ein großes Fass auf. Das bringt uns nicht weiter. Aber das Leben ist neutral. Es geht darum, wie wir auf die Ereignisse, die passieren, reagieren. Das Leben wägt nicht ab, ist das gut oder ist das schlecht. Es ist einzig und allein unsere Antwort darauf. Unsere Reaktion. Und die hängt davon ab, wie wir das, was passiert, bewerten.

> Das Leben ist, wie es ist. Akzeptieren Sie das!

Vielleicht haben Sie schon einmal von Boris Grundl gehört. „Ich würde nochmals springen", war seine Antwort auf die Frage eines Bild-Reporters, wie er denn entscheiden würde, wenn er das Rad der Zeit zurückdrehen könnte. Mit 25 Jahren war Boris Grundl, ehemaliger Tennis-Profi und heute erfolgreicher Unternehmensberater, mit einem Freund in Mexiko im Urlaub und brach sich bei einem Sprung ins Wasser den siebten Halswirbel und ist seitdem querschnittgelähmt [9]. Denken Sie seine Antwort einmal in der Tiefe durch. Kann er das wirklich ernst meinen? Ich bin mir sicher, dass so ein Mann, mit dieser Geschichte, sicher keine oberflächlichen Ansagen macht, aber auch nicht wirklich zu verstehen ist.

Unsere eigene Unsicherheit und Angst können die großartigsten Momente verhindern. Manchmal blicken wir auf vergangene Zeiten zurück und wünschen uns, dass wir anders gehandelt hätten. Es ist erstaunlich, wie sehr unsere Angst vor Zurückweisung uns in solchen Momenten von etwas abhalten kann [10].

Angst Angst ist ein schlechter Ratgeber! Das haben wir schon oft gehört. Und ist es das auch? Angst ist ein Gefühl. Und Gefühle lösen Handlungen aus. Also beeinflusst das Gefühl der Angst unsere Reaktion auf bestimmte Umstände. Und das ist leider nicht immer hilfreich. Denn oft ist es so, dass keine objektive Gefahr ersichtlich ist. Wir schätzen die Gefahrenlage nicht immer objektiv ein. Wer zum Beispiel Angst vor dem Halten einer öffentlichen Rede hat, dessen Angst ist eigentlich objektiv nicht nachvollziehbar. Es lauert keine Gefahr im Publikum, niemand kann dir wirklich etwas anhaben. In diesen Fällen haben wir Angst vor dem Versagen. Wobei es auch hier keinen offensichtlichen Grund gibt. Da müsste das Stimmband plötzlich lädiert sein. Oder eine unmittelbare Muskelverletzung im Kieferbereich. Dies ist höchst unwahrscheinlich, dass so etwas passieren kann. Das Versagen kann im Grunde nur die Angst selbst auslösen. Das bedeutet, die Angst selbst lässt sich unser Unterkiefer verselbständigen und löst das Klappern der Zähne aus. Ist das nicht grotesk? Biochemisch gesehen sollte Angst uns eigentlich zu Höchstleistungen treiben, um eine Gefahr zu überwinden. In dem Fall ist es leider umgekehrt. Sie vermindert unsere Sprachkapazität.

> Was andere Leute von Ihnen denken, geht Sie nichts an.

Warum jagt uns aber eigentlich das Versagen beim Halten der öffentlichen Rede Angst ein? Weil es peinlich werden könnte? Weil die Zuschauer lachen könnten? Ich habe mich so oft schon damit beschäftigt. Und glauben Sie mir, es ist nicht einfach, dem, was wirklich dahintersteht, auf die Schliche zu kommen. Das, was dahintersteckt, ist ganz oft, dass wir uns sorgen, dass in der Folge Menschen sich lustig über uns machen. Oder ihre Meinung über uns ändern. Und genau das ist der Punkt! Wir sind ganz oft versessen darauf, dass andere eine gute Meinung von uns haben. Dass wir in der öffentlichen Wahrnehmung ein anderes Bild von uns darstellen möchten als wir vielleicht wirklich sind. Und das ist immer auch Ausdruck von geringem Selbstbewusstsein. Das müssen wir uns eingestehen. Und das schränkt uns in unserem Leben gewaltig ein. Wenn wir unsere Handlungen immer darauf ausrichten, dass sie ja allen gefallen, dann engen wir uns enorm ein. Dann bleiben uns meist ganz wenig Alternativen. Ich kann Ihnen folgenden Tipp geben: Was andere Leute von Ihnen denken, geht Sie nichts an!

Wir haben gesehen, Angst ist ganz oft ein schlechter Ratgeber und lässt uns manchmal das Potenzial nicht ausleben. Deshalb hat dieser Spruch in den meisten Fällen auch seine Berechtigung. Das Problem liegt aber manchmal tiefer, wie wir festgestellt haben. Es zahlt sich für uns auf jeden Fall aus, dranzubleiben und der Sache auf den Grund zu gehen.

2.2 Selbstvertrauen trifft Zeitmanagement: Ein unschlagbares Duo

Über Zeit an sich und deren verschiedener Nutzungsmöglichkeiten habe ich bisher bereits einige Aspekte angesprochen. Aber was hat das mit dem Thema Selbstvertrauen zu tun? Wo ist der Zusammenhang? Ansatzweise habe ich bereits darüber gesprochen, was ich unter selbstbewusstem Zeitmanagement verstehe: SELBST BEWUSSTE Entscheidungen treffen. Was ist nun der Unterschied zwischen Selbstbewusstsein und Selbstvertrauen?

> Selbstbewusstes Zeitmanagement bedeutet, selbstbewusste Entscheidungen zu treffen.

Es sind ziemlich ähnliche Begriffe, die oft auch verwechselt werden. Im Grunde beziehen sich beide auf das Selbstbild, das wir von uns haben. Selbstbewusstsein bezieht sich auf das Bewusstsein über die eigenen Fähigkeiten, Stärken, Schwächen und Eigenschaften. Es bedeutet, dass man sich seiner selbst und seiner Identität bewusst ist, sowohl der positiven als auch der negativen Aspekte. Selbstbewusste Menschen haben eine realistische Wahrnehmung ihrer selbst und akzeptieren sich so, wie sie sind. Sie wissen, wer sie sind und was sie können. Ein selbstbewusster Mensch kann zum Beispiel sagen: „Ja, ich bin gut in Mathematik, aber ich habe Schwierigkeiten beim Malen." Diese Person ist sich ihrer Fähigkeiten und Grenzen bewusst. Selbstvertrauen hingegen bezieht sich auf das Vertrauen in die eigenen Fähigkeiten und das Gefühl, dass man Herausforderungen bewältigen und Ziele erreichen kann. Es ist das Vertrauen in die Fähigkeit, eine bestimmte Aufgabe erfolgreich zu erledigen. Selbstvertrauen ist der Glaube an sich selbst und die eigene Stärke. In einem Satz gesagt: Selbstbewusstsein ist eher eine Selbsterkenntnis, während Selbstvertrauen eine positive Einstellung und Überzeugung bezüglich der eigenen Fähigkeiten darstellt.

Stefanie Stahl, die bekannte deutsche Psychologin, unterstreicht, dass unter den Begriffen Selbstbewusstsein und Selbstwertgefühl im deutschen Sprachgebrauch oft auch dasselbe verstanden wird. Der Begriff Selbstvertrauen wiederum impliziert das Vertrauen in unsere Fähigkeiten. Das bedeutet, dass ich in manchen Bereichen Fähigkeiten besitzen kann, zum Beispiel als Sportler, aber trotzdem nicht unbedingt ein gutes Selbstwertgefühl haben kann [11]. Selbstbewusstsein im Sinne von Selbstwertgefühl wird manchmal auch als Überbegriff der drei Säulen Selbstbild, Selbstachtung und Selbstvertrauen bezeichnet [12].

Nun, ein gutes Zeitmanagement und ein starkes Selbstvertrauen können sich gegenseitig stärken. Selbstbewusstes Zeitmanagement gelingt desto besser, je größer das Selbstvertrauen ist. Und das ist das alles Entscheidende. Je größer unser Selbstvertrauen, umso bessere Entscheidungen können wir treffen, was wir mit unserer so wertvollen Zeit tun. Ich sage absichtlich „können", da Selbstvertrauen nicht automatisch impliziert, dass wir für uns richtige Entscheidungen treffen. Ich habe auch schon erlebt, dass Menschen mit scheinbar sehr viel Selbstvertrauen leider auf Abwegen gekommen sind. Und von dort auch nicht mehr zurück. Deshalb, ich behaupte nur: Je größer unser Selbstvertrauen, desto sehr viel wahrscheinlicher ist es, dass wir für uns sinnvolle Entscheidungen treffen. Und vor allem sind die Auswahlmöglichkeiten deutlich höher. Wir trauen uns einfach deutlich mehr zu. Das schafft uns einen erhöhten Spielraum für unsere Zeitverwendung.

Wie kann ich feststellen, wieviel Selbstvertrauen ich habe? Gibt es dafür eine Messeinheit? Ich muss Sie enttäuschen, leider gibt es so etwas in der Art nicht. Selbstvertrauen ist somit nicht exakt objektiv messbar. Hauptsächlich können wir es daran festmachen, wie wir uns in bestimmten Situationen verhalten. Aber auch das ist nicht zu 100 % verlässlich, da auch viele andere Parameter eine Rolle spielen. Ich glaube zudem, dass wir das Selbstvertrauen teilweise auch an Ergebnissen messen können. Wenn jemand zum Präsidenten der USA gewählt wird und ein anderer eine Karriere als Eisverkäufer dahinlegt, dann nehmen wir an, dass es zum Amt des Präsidenten ziemlich wahrscheinlich mehr Selbstvertrauen benötigt. Ohne das jetzt werten zu wollen. Aber es lässt sich nicht wirklich vergleichen. Wir können nicht sagen, der Donald Trump hat 110 Liter Selbstvertrauen und der Eisverkäufer bei mir um die Ecke hat fünf Liter davon.

> Für ein optimales Zeitmanagement muss ich mich mit meinem Selbstvertrauen auseinandersetzen.

Um noch einmal auf die Frage zurückzukommen: Was hat Selbstvertrauen mit Zeitmanagement zu tun? Für mich sehr viel! Unter diesen Aspekten, die wir soeben besprochen haben, ist mir klar, dass mein Zeitmanagement optimaler ist, wenn ich mehr Selbstvertrauen besitze. Je mehr ich mir selbst zutraue, desto für mich vorteilhaftere Entscheidungen treffe ich. Also stelle ich fest: Ein optimales Zeitmanagement hat nur einen Sinn, wenn ich mich mit meinem Selbstvertrauen auseinandersetze.

Geringes Selbstvertrauen wird oft als unveränderlich betrachtet – ein Missverständnis, das viele davon abhält, daran zu arbeiten. Tatsächlich ist Selbstvertrauen nicht angeboren, sondern erlernbar. Eigentlich ist das gar kein Geheimnis und trotzdem wünschen sich viele mehr davon, vergleichbar mit dem steten Wunsch nach mehr Geld. Interessanterweise wird gelegentlich die Frage gestellt, ob ein „Zuviel" an Selbstvertrauen schädlich sein könnte, wenn wir eine gewisse Grenze überschreiten. Da habe ich berechtigte Zweifel. Ich habe in der Tat noch niemand darüber klagen können. Vielmehr stellt sich die Frage umgekehrt. Kann ich Selbstvertrauen hinzugewinnen? Und da kenne ich mittlerweile Möglichkeiten. Selbstvertrauen ist nicht, wie ich ursprünglich glaubte, in Stein gemeißelt. Es ist genau andersrum. Ich stelle es mir so vor: Es schwankt wie ein althergebrachtes Fieberthermometer auf Quecksilberbasis. Nur dass wir beim Selbstvertrauen möglichst eine hohe „Temperatur" angezeigt haben möchten. Diese Erkenntnis eröffnet ungeahnte Möglichkeiten. Wir können unser Selbstvertrauen beeinflussen. Vielleicht nicht direkt bestimmen, aber deutlich beeinflussen. In beide Richtungen. Und davon handelt im Wesentlichen dieses Buch: Denn zu wenig Selbstvertrauen bedeutet Zeitverschwendung!

2.3 Warum Selbstvertrauen die geheime Zutat ist

Wenn ich auf mein bisheriges Leben zurückschaue, dann gab es immer mal wieder Situationen, in denen es nicht geschadet hätte, über mehr Selbstvertrauen zu verfügen. Es liegt auf der Hand, dass unsere Entscheidungen, unser Handeln ganz eng mit unserem Level an Selbstvertrauen verknüpft sind. Das äußert sich in allen Situationen, in denen wir es vor allem mit anderen Menschen zu tun haben. Ob das in Bewerbungsgesprächen für einen Job ist oder beim Kommunizieren ganz allgemein: Je mehr Selbstvertrauen wir besitzen, umso erfolgreicher sind wir.

> Je mehr Selbstvertrauen wir haben, desto erfolgreicher sind wir.

Kommunikation ist das Stichwort. Wer gut kommuniziert, der hat normalerweise mehr vom zu verteilenden Kuchen. Bodo Schäfer, Deutschlands Money-Coach Nummer Eins, geht sogar noch einen Schritt weiter. Er behauptet, dass Selbstvertrauen und Einkommen zwei miteinander korrelierende Größen sind [13]. Dem kann ich einiges abgewinnen. Wenn ich an gut betuchte Menschen denke, dann ist bei denen schon ein höheres Maß an Selbstvertrauen festzustellen.

Wenn ich das Thema einmal noch etwas nüchterner betrachte, dann kann ich feststellen: Nicht nur für erfolgreiche Kommunikation benötige ich genügend Selbstvertrauen, sondern generell für die erfolgreiche Abwicklung von Aufgaben. Es kommt ganz stark auf die Art der Aufgabe an. Für die Organisation einer Großveranstaltung von internationalem Format benötige ich deutlich mehr Selbstvertrauen als für die Abwicklung meiner runden Geburtstagsparty mit fünfzig Freunden.

Vielleicht kann man das Phänomen Selbstvertrauen recht gut an dem Beispiel zeigen, wenn wir vor Menschen sprechen müssen. Einmal ganz abgesehen davon, ob uns diese Menschen bekannt sind, ist es für die meisten von uns ein großer Unterschied, ob wir vor zehn oder vor hundert Menschen sprechen. Wobei objektiv betrachtet das Sprechen an sich nicht irgendwie anspruchsvoller wird. Aber viele Menschen haben bei mehr Zuhörern parallel auch eine erhöhte Körperausdünstung. Exakt an diesem Beispiel können wir erkennen, dass das Selbstvertrauen und natürlich auch andere Faktoren, eine gewichtige Rolle in unserem Leben spielen.

Beim Ansprechen von Frauen kann ich feststellen, dass auch hier ein großer Zusammenhang zwischen Selbstvertrauen und der Schönheit besteht. Je attraktiver mir eine Frau erscheint, desto schweißausbruchgefährdeter bin ich normalerweise beim Kennenlernen. Dass das kontraproduktiv ist, will nur nebenbei erwähnt sein. Ganz nebenbei wird die Funktionalität des Großhirns deutlich heruntergefahren. Ein hohes Maß an Selbstvertrauen ermöglicht uns das Meistern von großen Herausforderungen. Je höher unser Vertrauen in unsere Fähigkeiten ist, desto wahrscheinlicher ist das Erreichen von großen Zielen. Auch Veränderung von uns selbst verlangt von uns Vertrauen in uns selbst und unserem Schaffensvermögen.

2.4 Das Parkinson'sche Gesetz: Zeit ist dehnbarer, als Sie denken

Das Parkinson'sche Gesetz besagt, dass Aufgaben exakt jene Zeit in Anspruch nehmen für deren Erledigung, die wir jeweils dafür bemessen. Etwas salopper formuliert: Wir benötigen für eine Aufgabe genau jene Zeit, die wir uns vorgenommen haben. Was ist daran jetzt so weltbewegend? Wenn wir für einen kurzfristigen Termin noch dringend eine Präsentation erstellen müssen, dann wachsen wir über uns hinaus und schaffen es irgendwie noch rechtzeitig. Wir sind einfach noch schneller als üblich. Solche Erfahrungen haben wahrscheinlich die meisten von uns zur Genüge gemacht und ist auch keine große Weltneuheit.

> Wir benötigen für eine Aufgabe genau jene Zeit, die wir uns vorgenommen haben.

Interessanter ist schon die Tatsache, wenn wir das Ganze einmal auf den Kopf stellen. Lesen wir uns diesen Satz noch einmal genau durch: Wir benötigen für eine Aufgabe genau jene Zeit, die wir uns vorgenommen haben. Die These besagt somit auch gleichzeitig, dass wir länger für eine Aufgabe benötigen, wenn wir mehr Zeit dafür einplanen. Das klingt erst einmal schon komisch. Kann das überhaupt sein? Es liegt doch eher nahe, dass es von der Art der Aufgabe abhängt, wie viel Zeit dafür benötigt wird. Das ist natürlich klar. Komplexe Aufgaben benötigen grundsätzlich auch mehr Ressourcen, vor allem zeitlicher Natur. Aber haben Sie schon einmal die Erfahrung gemacht, dass Sie für etwas länger brauchen als gewöhnlich? Jetzt kommen wir der Sache etwas näher. Je länger ich darüber nachdachte, umso mehr Situationen kamen mir in den Kopf, wo sich dieses Gesetz tatsächlich zeigte.

Wenn wir für ein bestimmtes Projekt einen fixen Abgabetermin haben, dann benötigen wir genau diese Zeit und werden in der Regel pünktlich fertig damit. Wir terminieren unsere Aufgaben zeitlich so, dass wir unser Ergebnis zu diesem Termin hin präsentieren können.

> Wir passen unsere Arbeitsweise der verfügbaren Zeit an.

Cyril Northcote Parkinson, dieser schlaue britische Historiker und Schriftsteller, auf den dieses Gesetz zurückgeht, hat festgestellt, dass Arbeit sich so ausdehnt, dass sie die verfügbare Zeit für ihre Erledigung ausfüllt [14]. Wir passen unsere Arbeitsweise der verfügbaren Zeit an. Und das zu wissen, ist genial. Um Zeit zu sparen, setzen wir uns einfach einen kurzfristigeren Termin! Wir geben uns weniger Zeit für eine bestimmte Aufgabe, als wir dafür bekommen haben. Bei sich wiederholenden Aufgaben wissen wir schon vorher, wieviel Zeit wir dafür ungefähr benötigen. Somit verlängern wir die Pufferzeit, die bei jedem Projekt sinnvoll ist. Und wir werden mit Sicherheit noch pünktlicher fertig werden. Vielleicht erhöht sich sogar die Qualität des Ergebnisses, als dass sie abnimmt. Und Stress rückt in weite Ferne.

Tatsächlich sind die meisten von uns so gepolt, dass wir tendenziell sofort etwas herunterschalten, wenn wir erfahren, dass wir mehr Zeit für eine Aufgabe bekommen, als wir denken, zu benötigen. Und tatsächlich fangen wir manchmal dann an zu trödeln. Oder wir wollen unser Ergebnis noch toller ausschmücken als üblich. Oder wir schweifen ab. Wir befassen uns zusätzlich mit nicht relevanten Aspekten unserer Aufgabe. Wir machen Sachen, die die Welt nicht braucht.

Ich hatte früher die blöde Angewohnheit, immer zehn Minuten zu spät zu einem vereinbarten Termin zu kommen. Immer! Das war in mir so festgefahren, das war so eine Art Automatismus. Und dabei hatte ich zusätzlich immer das Gefühl, ich hatte einfach zu wenig Zeit, früher zu erscheinen. Immer kam etwas dazwischen, was noch zu erledigen war. Wenn ich es heute aus der Distanz betrachte, eine totale Respektlosigkeit dem anderen Menschen gegenüber. Aber ich brauchte automatisch immer genau die Zeit, zu dem Termin zu erscheinen, die ich geglaubt habe, zu benötigen. Plus die unsäglichen zehn Minuten. Egal wieviel Zeit ich auch hatte. Im Grunde eine indirekte Erscheinung des Parkinson'schen Gesetzes. Ich suchte mir geradezu zwanghaft eine Tätigkeit, um dann die verbleibenden Minuten kurz vor dem Termin in akute Zeitnot zu geraten. Es spielte sich in meinem Gehirn immer wieder das gleiche Muster ab. Ich hatte anfangs das Gefühl, mehr als genug Zeit zu haben. Ich konnte den Zeitpunkt für den Termin in den meisten Fällen selbst wählen. Und doch organisierte ich mich im Anschluss so, dass ich auf jeden Fall unter Zeitdruck geriet. Irgendwann wusste ich, dass ich mich selbst jedes Mal betrog. Voraussetzung war, dass ich es eingesehen habe, dass es rein an mir liegt. Diese Untugend war nicht leicht zu ändern. Der Trick ist ganz einfach: Ich nehme mir vor, 15 min früher zum vereinbarten Treffen zu erscheinen. Meistens gelingt es mir dadurch heute, pünktlich zu sein.

> Der Trick ist ganz einfach: Ich nehme mir vor, 15 min früher zum vereinbarten Treffen zu erscheinen. Meistens gelingt es mir dadurch, pünktlich zu sein.

Das Parkinson'sche Gesetz zeigt sich in leichter Abwandlung auch in anderen Bereichen als dem Zeitproblem. Ich bin mir sicher, dass Ihnen das bekannt vorkommt! Sie schaffen es, mit Ihrem monatlichen Einkommen gerade so auszukommen. Aber es benötigt all Ihren Einsatz und

Ihre Disziplin. Eigentlich möchten Sie es leichter haben. Dass es nicht immer ganz so eng wird am Ende des Monats. Nun, Sie freuen sich bereits auf die soeben vereinbarte Gehaltserhöhung von sagen wir 300 €. Sie glauben, dass ab dem nächsten Monat alles leichter wird. Sie brauchen nicht mehr jeden Cent umzudrehen und voraussichtlich bleibt dann noch ein Teil der Gehaltserhöhung übrig. Aber was passiert? Sie geben genauso viel aus, wie Sie verdienen. Es bleibt nichts übrig. Sie können es irgendwie nicht verstehen. Aber Tatsache ist, dass Ihre Ausgaben sich genauso schnell an Ihr neues Einkommen anpassen, wie Sie diese bekommen haben. Das ist unglaublich. Bodo Schäfer weiß, wie Sie dieses Phänomen am besten angehen. Seine Devise lautet: Bezahlen Sie sich selbst zuerst [15]! Das bedeutet, wenn Sie monatlich Geld auf die Seite bringen wollen, dann müssen Sie sich selbst zuerst bezahlen. Sie müssen das Geld, das Sie sparen wollen, am Anfang des Monats automatisch abzwacken. So als wäre es nie dagewesen. So als stünde es nicht zur Verfügung. Eigentlich ein alter Hut. Und doch machen es die wenigsten. Ihre Ausgaben passen sich normalerweise, wenn Sie umsichtig und diszipliniert vorgehen, automatisch dem zur Verfügung stehenden Geld an. So wie bei der Zeit. Wir müssen einfach einen früheren Termin setzen. So tun, als hätten wir nicht mehr Zeit zur Verfügung. Dann passen wir unsere Geschwindigkeit automatisch an. Unbewusst. Aber wir können bewusst diesen fiktiven Termin setzen. Das nenne ich (selbst-)bewusstes Zeitmanagement.

Literatur

1. Schäfer, Bodo (2020): Die Gesetze der Gewinner: So werden Ihre Träume wahr. 5. Auflage, Bergisch Gladbach, Bodo Schäfer Akademie GmbH.

2. Branson, Richard (2010): Geht nicht, gibt's nicht. So wurde Richard Branson zum Überflieger. Seine Erfolgstipps für Ihr (Berufs-)leben. 2. Auflage, Kulmbach: Börsenmedien AG.
3. Covey, Stephen R. (2023): Die sieben Wege zur Effektivität. Prinzipien für ein glückliches und erfülltes Privatleben, Seite 64, 2. Auflage, Offenbach, Gabal Verlag.
4. Seneca, Lucius Anneus (2023): Briefe an Lucilius. Mit einer ausführlichen Einleitung von Robin Campbell, gebundene Ausgabe, München, Finanzbuchverlag.
5. Schäfer, Bodo (2018): Trainingsvideo: Zeit gewinnen, Video 10: Hour of power.
6. Aurel, Marc (2018): Selbstbetrachtungen, Seite 38, Eclassica.
7. Hager, Mike (2022): Mikes Mindsetminuten: 77,5 Erfolgsgesetze für dein geiles Leben. Seite 210, München, Finanz-Buch Verlag.
8. Holzer, Andy (2010): Balanceakt: Blind auf die Gipfel der Welt. Seite 227 ff., Olten, Walter Verlag.
9. Grabitz, Ileana (2009): Ich würde noch einmal springen: Dienstfahrt mit Boris Grundl. Welt, https://www.welt.de/wams_print/article3505029/Ich-wuerde-noch-einmal-springen.html (aufgerufen am 06.12.2024).
10. Strelecky, John (2020): Was ich gelernt habe: Erkenntnisse für ein glückliches Leben. Seite 49, 2. Auflage, München, dtv Verlagsgesellschaft mbH & Co KG.
11. Stahl, Stefanie (2023): Vortrag Greator. Deshalb besitzt du so ein schlechtes Selbstwertgefühl. https://www.youtube.com/watch?v=TwdKPIgnDSw&list=WL&index=24&t=1410s (aufgerufen am 04.12.2024).
12. Schäfer, Bodo (2022): Vortrag Greator, Fühle dich wie ein Champion: 3 Übungen für Selbstbewusstsein. https://www.youtube.com/watch?v=xx7vjnpJ9dY (aufgerufen am 05.12.2024).
13. Schäfer, Bodo (2022): Enormes SELBSTVERTRAUEN aufbauen mit diesem TIPP | Mehr SELBSTVERTRAUEN = mehr EINKOMMEN. https://www.youtube.

com/watch?v=JC4bSR4gAnM&t=85s (aufgerufen am 05.12.2024).
14. shribe! – master your studies (2019)Das Parkinsonsche Gesetz | 3 Zeitmanagement-Geheimnisse für phänomenale Produktivität. https://www.youtube.com/watch?v=BrBrzbOZkfk&t=77s (aufgerufen am 06.12.2024).
15. Schäfer, Bodo (2022): Der Weg zur finanziellen Freiheit: Ihre erste Million in 7 Jahren. 2. Auflage, Seite 187, Bergisch Gladbach, Bodo Schäfer Akademie GmbH.

3
Selbstbewusst die Zeit meistern: Voraussetzungen für erfolgreiches Zeitmanagement

3.1 Bewusste Entscheidungen treffen: Der erste Schritt zur Freiheit

Die Anzahl der Entscheidungen, die ein Mensch täglich trifft, kann stark variieren und hängt von verschiedenen Faktoren ab, wie beispielsweise der individuellen Persönlichkeit, dem Lebensstil, den täglichen Aufgaben und Aktivitäten sowie den Umständen. Schätzungen zufolge trifft eine durchschnittliche Person jedoch Tausende von Entscheidungen pro Tag. Diese Entscheidungen können von kleinen Alltagsentscheidungen wie der Wahl des Frühstücks oder der Kleidung bis hin zu komplexeren Entscheidungen im Arbeitsleben oder im privaten Bereich reichen. Einige dieser Entscheidungen sind bewusst und geplant, während andere eher automatisch oder unbewusst getroffen werden. Viele werden aufgrund von Gewohnheiten, Routinen oder automatisierten Denkprozessen getroffen, während andere bewusster und intensiver durchdacht werden. Es wird vielfach angenommen, dass durchschnittlich nur 10 % davon bewusste Entscheidungen sind [1].

Aber wie ist es mit den großen Entscheidungen, den weichenstellenden? Ich glaube, dass es vor allem wichtig ist, dass wir eben genau diese großen Entscheidungen bewusst treffen und nicht unbewusst geschehen lassen. Manchmal sind wir uns dessen nicht bewusst, dass wir auch unbewusst sehr große Entscheidungen treffen. Wir können dies ja auch so belassen. Es muss nicht sein, dass wir mit diesem System so schlecht fahren. Aber wichtig ist, dass wir dafür die Verantwortung übernehmen. Dass wir verstehen, wie wir Entscheidungen treffen. Wie ein Entscheidungsprozess im Grunde immer wieder abläuft. Unsere Entscheidungswahl ist keineswegs Zufall. Wir sind auch vielleicht nicht ganz so frei in unserer Entscheidungsfindung, wie wir vielleicht annehmen. Der bekannte Hypnotiseur Alexander Hartmann, der auch eine eigene TV-Sendung hat, spricht von „the inner game". Dieses Konzept geht ursprünglich auf W. Timothy Gallwey zurück. Mir gefällt seine übersichtliche und strukturierte Darstellung dieses mit Sicherheit komplexen Prozesses.

Stark vereinfacht gesagt wird ein Kreislauf dargestellt mit den vier Komponenten Gedanken, Gefühle, Handlungen und Glaubenssätze. Es handelt sich dabei um einen Kreislauf, der genau in dieser Reihenfolge immer wieder als „inneres Spiel" abläuft. Alle diese vier Komponenten bedingen einander, das heißt, sie sind immer auch von der vorherigen beeinflusst. Vereinfacht gesagt beeinflussen unsere Gedanken unsere Gefühle. Die wiederum unsere Handlungen auslösen. Und jene Erfahrungen, die wir erleben, prägen sich ganz tief als Glaubenssätze in unser Unterbewusstsein ein. Und diese bilden dann den Rahmen, innerhalb der sich unsere Gedanken abspielen. Sie geben viele Dinge ganz stark vor, ohne dass wir es merken. Sie

3 Selbstbewusst die Zeit meistern: Voraussetzungen …

schränken sozusagen unser Denken stark ein. Das hilft uns natürlich, dass wir nicht bei jeder Entscheidung immer alles auf die Waagschale legen und ständig alles hinterfragen. Das wäre viel zu zeitaufwendig und total ineffizient. Dafür lässt es uns manchmal nicht über den berühmten Tellerrand blicken. Und daher dürfen wir auch nicht alles glauben, was wir denken.

Das Problem ist dabei weniger, dass die Glaubenssätze uns in gewisser Hinsicht einschränken. Mehr ist das Problem, dass Glaubenssätze entweder hilfreich für unsere Zielerreichung sind oder manchmal weniger vorteilhaft dafür sind. Wenn wir uns dessen bewusstwerden, kann das der legendäre Knopf sein kann, der plötzlich aufgeht, indem wir die richtigen Glaubenssätze annehmen. Noch viel größer ist die Herausforderung in den meisten Fällen, dass wir gar nicht erkennen, welche Glaubenssätze wir gespeichert haben. Das herauszufinden ist der mit Abstand wichtigste Schritt, um bei Bedarf vorteilhaftere Glaubenssätze zu installieren. Vor allem in diesem Bereich macht es Sinn, sich von einem Coach oder Trainer unterstützen zu lassen.

> Glaubenssätze sind entweder hilfreich oder weniger hilfreich.

Wir wissen nun im Groben, wie Entscheidungsprozesse ablaufen und dass im Unterbewusstsein gar einiges passiert, bis wir zu einer Entscheidung kommen. Oder eben zu keiner Entscheidung kommen. Kennen Sie Menschen, die sich einfach nicht entscheiden können? Wie wirken die auf Sie? Was denken oder fühlen Sie, wenn Sie einen Menschen vor sich haben, der sich einfach nicht für oder gegen etwas entscheiden kann. Es ist kein angenehmes Gefühl für Sie und vielleicht ärgern Sie sich auch. Oder übernehmen einfach selbst das Ruder. Sich nicht entscheiden zu können, bedeutet auch, eine Entscheidung getroffen zu haben. Nun mal nicht für oder gegen etwas. Und das ist mit großer Wahrscheinlichkeit die schlechteste Alternative. Es passiert gar nichts, es wird nicht gehandelt. Wir geben die Kontrolle ab. Da entsteht garantiert Unsicherheit. Wir übernehmen keine Verantwortung, da wir keine Antwort auf das Problem gegeben haben. Wir werden zu den Spielfiguren anstatt zu den Spielern eines Schachbretts. Nicht wir führen, sondern wir werden geführt.

> Hinter einer getroffenen Entscheidung müssen wir zu 100 % dahinterstehen.

Aber wie schafft man es, Entscheidungen zu treffen? Voraussetzung ist, dass bei getroffener Entscheidung wir auch zu 100 % dahinterstehen. Wie eine Eins! Ohne gleich umzufallen. Denn eine schnelle Um-Entscheidung bringt meistens nur noch mehr Verlierer. Da steht niemand mehr hinter Ihnen. Deshalb ist es wichtig, bei dieser Entscheidung zu bleiben, auch wenn Sie im Nachhinein falsch war. Was wir daraus lernen sollen, ist, das nächste Mal mit dieser Erfahrung mehr im Rücken, zu einer besseren Entscheidung zu gelangen. Schwieriger ist es, wenn wir Entscheidungen unter Zeitdruck treffen müssen. Bei meiner Arbeit als Fußballtrainer habe ich gelernt, schnell viele Entscheidungen hintereinander zu treffen. Und ja nie keine in Zweifel zu ziehen. Das kommt bei den Spielern nicht gut an. Da entsteht sofort Chaos und Unsicherheit. Da wollen dann auf einmal alle auf Sie einreden. Da wollen plötzlich alle mitentscheiden. Viel effizienter ist es, im Nachhinein in aller Ruhe zu analysieren, wie sich welche Entscheidung ausgewirkt hat. Und dann eventuell auch ohne Umschweife zuzugeben, dass in der Rückschau vielleicht die Alternative besser gewesen wäre. Und dann ist auch gut. Ich ziehe folgendes Fazit: Wem seine Werte klar sind, der trifft grundsätzlich die besseren Entscheidungen!

Übrigens treffen wir keine besseren Entscheidungen, nur weil wir „darüber schlafen", behauptet Julien Backhaus in seinem Buch „Bullshit Rules". Der Informationsstand ändert sich nicht über Nacht. Ein besonders makaberes Beispiel stellen Amokläufe dar. Die meisten Täter schrecken vor ihrer Tat wohl kaum zurück, obwohl sie die Nacht vorher darüber geschlafen haben. Eine Ausnahme stellen in diesem Zusammenhang die Einnahme von Drogen und Alkohol dar oder wenn Sie aus der Emotion heraus Entscheidungen treffen [2].

3.2 Wie selbstbewusstes Zeitmanagement gelingt

Ich glaube, wir müssen uns zuerst bewusstwerden, dass unsere Zeit endlich ist. Dass unsere Zeit wertvoller als alles andere ist auf der Welt. Und dass Zeit auch nicht konserviert werden kann. „Memento mori" – Bedenke, dass du sterben musst! Das haben bereits die alten Römer sich immer wieder in Erinnerung gerufen. Und deshalb nutzen Sie die Zeit, die Sie haben! Das „Carpe diem" entstammt auch dieser Zeit. Aber wie geht, den Tag richtig nutzen? Wer bewertet, ob ich den Tag sinnvoll gelebt habe?

Es gibt wie bei vielen anderen Dingen, zum Beispiel bei der richtigen Erziehung, wieder einmal keine zu 100 % beste Anleitung. Wir müssen uns schon auf uns selbst verlassen. Die eine beste Strategie gibt es nicht. Es hilft aber enorm, immer wieder darüber nachzudenken. Es sich ins Bewusstsein zu rufen, dass die Zeit sehr wertvoll ist. Und dann immer wieder abzuwägen, ob eine alternative Handlung möglicherweise noch befriedigendere Ergebnisse bringen kann. Deshalb halte ich es einfach nach dem Prinzip: Was hilft, das gilt. Was ich erkenne aufgrund meiner Erfahrungen. Ich sehe das so ähnlich wie als ich in der Mittelschule die Grammatikregeln in Deutsch auswendig lernen musste. Obwohl ich eigentlich bereits fehlerfrei schreiben konnte, ohne die Regeln zu kennen. Ich musste sie trotzdem lernen. Ich ziehe heute daraus folgenden Schluss: Manchmal muss man nicht alles in der Tiefe wissen, um trotzdem das Wesentliche zu verstehen. Und schon gar nicht, um bestimmte Dinge umzusetzen.

> Was hilft, das gilt.

Selbstbewusstes Zeitmanagement heißt, an sich zu arbeiten. Etwas in Bewegung bringen zu wollen. Agieren, anstatt nur zu reagieren. Besonders auffallend können wir das beim Thema Gesundheit feststellen. Wir lesen zwar rauf und runter, was so alles gesund wäre. Wir lesen zum Beispiel häufig, dass das Sitzen das neue Rauchen ist. Und dass uns das gar nicht guttut. Und wer tut etwas? Wir lesen es und nehmen es zur Kenntnis. Und tun meistens gar nichts. Unsere Inaktivität ist wirklich ein großes Problem. Dasselbe kann ich immer wieder feststellen bei der Flasche Wasser. Das hat jetzt wirklich jeder von uns hunderte Mal gehört. Dass wir dazu neigen, zu wenig Flüssigkeit zu uns zu nehmen. Genaugenommen, dass wir zu wenig Wasser trinken. Immer wieder wird davon gesprochen. Und es ist der gutgemeinte Tipp Numero Eins von Freunden bei irgendwelchen körperlichen Beschwerden. Und was tun wir? Rein gar nichts! Wir wissen zwar, dass es so wichtig ist, aber wir machen es nicht. Wir wimmeln gleich ab: Jaja, das kenne ich bereits. Aber da verwechseln wir etwas: Kennen ist niemals gleich Können. Wobei beim Wassertrinken nichts zu können ist. Aber irgendwie wahrscheinlich schon. Dass ich es hinbekomme, mindestens jede Stunde eine bestimmte Menge Wasser zu mir zu nehmen. Das können die meisten von uns nicht.

3 Selbstbewusst die Zeit meistern: Voraussetzungen ...

Selbstbewusstes Zeitmanagement bedeutet im Grunde, dass wir auch strategisch denken. Dass wir imstande sind, mehr als bis zum nächsten Wochenende vorauszuschauen. Da gibt es dieses berühmte Experiment, wo Studienteilnehmern angeboten wird, entweder sofort 50 € zu erhalten oder in einem Monat 100 €. Das Paradoxe: Der Großteil entscheidet sich für den kurzfristigen Gewinn, also für die 50 €. Das ist eigentlich total irrational. Schließlich bekämen wir später das Doppelte von dem. Aber die kurzfristige Aussicht auf das Ergebnis verspricht Sicherheit. Und er wird auch untermauert durch bekannte Glaubenssätze wie „Haben ist haben". Viele denken vielleicht: „Wer weiß, ob ich die großzügigen Studienleiter wiedersehe? Oder das Budget aufgebraucht ist, wenn ich an der Reihe wäre." Dieses kurzfristige Denken erschwert es uns, die eigentlich besten Entscheidungen für uns zu treffen. Der Hormonausstoß liegt zu weit in der Ferne. Es ist wie bei den Kindern zu Weihnachten. Sie können es kaum erwarten. Und sie fragen schon am 26. Dezember unmittelbar nach Weihnachten, wann endlich das Christkind mit den Geschenken wiederkommt. Und diese Eigenschaft hindert uns daran, bessere Entscheidungen zu treffen. Deshalb hilft es uns, wenn wir einen langfristigen Plan haben. Wenn wir Entscheidungen immer auch dahin abwägen, welche Auswirkungen das auf unsere Zukunft hat. Viele sprechen heute von einem „vision board", das unseren Träumen ein Bild verleiht. Deshalb ist für mich selbstbewusstes Zeitmanagement ohne Lebensziele, ohne Vision gar nicht richtig möglich. Alles andere ist klassisches Zeitmanagement. Effizienzorgien in Reinkultur. Das ich nicht verurteilen möchte. Aber für ein selbstbewusstes Zeitmanagement nicht ausreichend ist.

> Selbstbewusstes Zeitmanagement ist ohne Lebensziele nicht möglich.

3.3 Vom Plan zur Praxis: Wie ich selbstbewusstes Zeitmanagement umsetze

Ich glaube, dass das Schwierigste an allem, auch von dem, was ich in diesem Buch schreibe, das ist, die Dinge umzusetzen. Daran scheitert der Großteil aller motivierten Menschen. Motivation ist eben etwas Kurzfristiges. Motivation hat die Eigenschaft, dass sie irgendwann verschwindet. Ganz von alleine. Ohne großes Zutun. Motivation kommt und geht. Deshalb bedarf es einer noch viel wichtigeren Eigenschaft. Vielmehr ist es eine Fähigkeit, nämlich: Selbstdisziplin. Selbstdisziplin bedeutet, die selbst beschlossene Ordnung dauerhaft aufrechtzuerhalten, und zwar gegen alle inneren und äußeren Widerstände. Die Fähigkeit der Selbstregulierung steht dabei im Gegensatz zu den vielfältigen Möglichkeiten, sich anders zu verhalten und Anstrengungen aus dem Weg zu gehen. Und das ist die große Herausforderung. Wenn die Motivation nachlässt, und das passiert immer, mal früher, mal später, dann bedarf es dieser Fähigkeit. Vielleicht kennen Sie den Spruch: Motivation entscheidet Spiele, Disziplin gewinnt Meisterschaften. Vereinfacht könnte man sagen: Während die Motivation dafür sorgt, dass man anfängt, ist es die Disziplin, die einen jeden Tag weitermachen lässt. Disziplin bringt uns schließlich dazu, Gewohnheiten zu entwickeln, die dauerhaft Bestand haben.

> Motivation entscheidet Spiele, Disziplin gewinnt Meisterschaften.

Wie setzen wir jetzt allerdings am leichtesten unsere Vorhaben um? Mir hallt noch der gutgemeinte Spruch einer meiner Mentoren in den Ohren: „Umsatz kommt von

Umsetzen!" Wenn das doch so einfach wäre! Wir spüren, dass da ganz viel Wahrheit drinsteckt. In unserem Fall muss es jetzt nicht direkt um Euros gehen, sondern um unser Selbstbewusstsein. Das dann mit Sicherheit indirekt für mehr Einkommen sorgen kann. Das steht außer Frage. Andererseits verlieren wir den Respekt vor uns selbst und auch an Selbstvertrauen, wenn wir nur reden und nicht umsetzen. Wir müssen das wirklich versuchen, in der Tiefe zu verstehen. Ihnen fallen bestimmt auf Anhieb Menschen ein, auf denen es zu hundert Prozent zutrifft, dass sie nur reden. Dass sie große Schwätzer sind. Ganz oft zeugt dies von geringem Selbstvertrauen. Das durch die Schwätzerei kaschiert wird. Diese Menschen lügen sich selbst an. Eigentlich möchten Sie genau als das Gegenteil wahrgenommen werden: Als sehr selbstbewusst! Und erfolgreich. Aber wenn wir das Wort „Erfolg" genauer unter die Lupe nehmen, bedeutet es nichts anderes als „das, was folgt, wenn wir unserer Bestimmung folgen". Und mit Sicherheit folgt auf ein solches Verhalten kaum ein erhöhtes Vertrauen in sich selbst. Das ist unmöglich, wenn ich mich im Grunde selbst belüge. Also deshalb gilt für mich der Leitsatz: Die Hälfte versprechen, das Doppelte halten!

> Das Schlüsselwort für die Installation einer Gewohnheit lautet: Wiederholung.

Erfolgreiches Umsetzen gelingt am besten, wenn wir systematisch an die Dinge herangehen. Wenn wir uns nicht jeden Tag neu motivieren müssen und ständig unsere einmal getroffene Entscheidung hinterfragen. Also benötigen wir ein System, das uns die Sache deutlich erleichtert. Und dieses System ist die Installation einer Gewohnheit. Und wie installiert man nun eine Gewohnheit? Das Schlüsselwort dafür lautet: Wiederholung. Ganz einfach: Wiederholung. Indem ich etwas jeden Tag bewusst wiederhole. Bis es plötzlich von alleine geht. Sozusagen von einem Tag auf den anderen wiederhole ich die Tätigkeit unbewusst. Das bedeutet, ich denke nicht mehr darüber nach. Ich führe sie einfach aus. Dieser Lernprozess geschieht im Hintergrund und unsichtbar für uns in diesen Ihnen vielleicht bereits bekannten vier Phasen:

1. Phase: Ich weiß nicht, dass ich es nicht weiß
2. Phase: Ich weiß, dass ich es nicht weiß
3. Phase: Ich weiß, dass ich es weiß
4. Phase: Ich weiß nicht, dass ich es weiß

Ein typisches Beispiel, das die meisten kennen, ist der Lernprozess des Autofahrens. Wie schwierig es am Beginn ist, die Kurven abzuschätzen und gleichzeitig die Kupplung und die Gangschaltung zu bedienen. In dem Moment ist es für uns unvorstellbar, dass wir irgendwann einmal im Leben das Autofahren als einfach wahrnehmen können. Oder gar nicht mehr wissen, dass das eine Fähigkeit ist, die einmal so schwer zu erlernen war.

Ich halte fest: Wer konkret plant, wann und wo eine neue Gewohnheit durchgeführt wird, setzt sie eher um. Und wir gewinnen unsere persönliche Sicherheit aus der Übereinstimmung von Innen nach Außen – aus einem Leben, in dem unsere täglichen Gewohnheiten unsere tiefsten inneren Werte spiegeln. Konkret bedeutet das, dass wir unseren Prinzipien und Werten auch im Handeln treu bleiben. Und unsere Gewohnheiten sind auch der Grundstein für ein glückliches, erfolgreiches Leben.

3.3.1 Gewohnheiten

Um eine alte Gewohnheit zu ändern oder eine neue Gewohnheit zu installieren, müssen wir zuerst den Identitäts-

3 Selbstbewusst die Zeit meistern: Voraussetzungen ...

konflikt lösen. James Clear erklärt in seinem Bestseller „Die 1 % Methode", dass wir uns nicht mehr so sehr um eine Verhaltensänderung bemühen müssen, wenn unser Verhalten und unsere Identität perfekt übereinstimmen. Wir können nicht derselbe Mensch bleiben wie vorher. Clear meint, es ist zu wenig, sich nur Ziele zu setzen und die Maßnahmen zu ermitteln, die es zu deren Erreichung bedarf. Unsere Überzeugungen spielen dabei eine übergeordnete Rolle, die wir meistens unterschätzen oder uns derer gar nicht bewusst sind. Wenn unsere Glaubenssätze eine „andere Sprache" sprechen, dann ist eine dauerhafte Änderung einer Gewohnheit nur sehr schwer zu erreichen.

Stellen Sie sich vor, wie zwei Personen eine Zigarette ablehnen. Die erste Person reagiert auf das Angebot mit den Worten: „Nein danke. Ich versuche aufzuhören." Die Antwort klingt vernünftig, doch diese Person sieht sich immer noch als Raucher, der versucht, keiner mehr zu sein. Sie hofft, dass sich ihr Verhalten ändern wird, obwohl ihre Überzeugung gleichgeblieben ist. Die zweite Person lehnt mit folgenden Worten ab: „Nein danke. Ich rauche nicht." Das ist nur ein kleiner Unterschied, doch diese Aussage zeugt davon, dass sich die Identität geändert hat. Bei dieser Person ist das Rauchen Teil des früheren Lebens, nicht des jetzigen. Sie sieht sich nicht mehr als Raucher [3].

Die einmal angenommene Identität kann aber durchaus auch gegen Sie arbeiten. Dann ist sie ein Fluch. Sie können sich nicht verändern, weil Sie dieser Identität so treu bleiben. „Ich bin ein Morgenmuffel" oder „Ich komme ständig zu spät" sind Ihnen vielleicht bekannte Beispiele. Man verspürt den inneren Drang, dem Selbstbild zu entsprechen und sich so zu verhalten, wie es zu den eigenen Überzeugungen passt. Deshalb achtet man sorgfältig darauf, sich selbst nicht zu widersprechen. Es ist aber durchaus auch bequem, das zu glauben, was in Ihrer Kultur geglaubt wird (Gruppenidentität), oder das zu tun, was zu

Ihrem Selbstbild passt (persönliche Identität), selbst wenn es falsch ist. Der Identitätskonflikt ist das größte Hindernis für positive Veränderungen auf allen Ebenen!

> Wer Sie sind, können Sie am einfachsten ändern, wenn Sie ändern, was Sie tun!

Wer Sie sind, können Sie am einfachsten ändern, wenn Sie ändern, was Sie tun! Jede Gewohnheit führt nicht nur zu Ergebnissen, sondern vermittelt Ihnen auch etwas weitaus Wichtigeres: SELBSTVERTRAUEN. Damit wir die Chancen auf eine erfolgreiche Einführung einer Gewohnheit erhöhen, sollten laut Clear folgende vier Gesetze eingehalten werden:

1. Die Gewohnheit muss *offensichtlich* sein

Ob sich Gewohnheiten verändern lassen, hängt maßgeblich davon ab, ob uns bewusst ist, was wir überhaupt tun. So lässt sich erklären, warum uns die Folgen schlechter Gewohnheiten oft ganz unverhofft treffen. Manchmal ist es schwierig, zu erkennen, ob eine Gewohnheit gut oder schlecht ist. Rauchen zum Beispiel kann vorübergehend Stress abbauen, doch langfristig betrachtet ist es ungesund. Vielleicht sollten Sie sich fragen: „Hilft mir dieses Verhalten dabei, der Mensch zu werden, der ich sein möchte?" Auf jeden Fall benötigt es einen Grund, warum ich ein Verhalten überhaupt ändern möchte!

2. Die Gewohnheit muss *attraktiv* sein

Je attraktiver etwas ist, desto wahrscheinlicher wird es zur Gewohnheit. Das hat die Nahrungsmittelindustrie bereits seit langem erkannt. Mit diversen Strategien wie zum Beispiel dem Zufügen von künstlichen Aromen oder erhöhtem Zucker- und Salzanteil gelingt es, ein dauerhaft

3 Selbstbewusst die Zeit meistern: Voraussetzungen …

neuartiges und interessantes Geschmackserlebnis zu bewirken, das Sie anregt, mehr und dauerhaft zu essen. Währenddessen verliert unser Gehirn bei natürlichen, unverarbeiteten Lebensmitteln nach dem 15. Löffel Brokkoli allmählich das Interesse und wir sind satt.

Voraussetzung für unser Handeln ist nun konkret die Erwartung einer Belohnung. Also konkret die Vorfreude auf ein bestimmtes Ereignis. Zum Beispiel sehen wir bei Kindern, dass ihre Gedanken an Weihnachten bereits mehr Freude auslöst als das Geschenkeauspacken selbst. Begehren ist der Motor, der das Verhalten antreibt. Wenn wir etwas wollen, dann sind die betreffenden Gehirnregionen zu 100 % aktiv.

Wie gelingt es uns, Gewohnheiten attraktiver zu machen? Eine einfache Strategie, die ich bereits selbst des Öfteren erfolgreich angewandt habe, ist, die wünschenswerte neue Gewohnheit an eine bereits liebgewonnene Gewohnheit zu koppeln. Zum Beispiel habe ich in mein Morgendehnprogramm, das ich bereits regelmäßig mit viel Begeisterung durchführe, zwei mir wichtig erscheinende Kraftübungen gekoppelt: Nämlich die Liegestütze und die Bauchmuskelübung. Es fiel mir wesentlich leichter, diese neue Gewohnheit umzusetzen, als wenn ich dieses Verhalten isoliert von meinen bestehenden Gewohnheiten in meinen Tagesablauf hätte integrieren wollen.

Eine weitere mächtige Strategie, bessere Gewohnheiten zu entwickeln, ist Teil einer Kultur zu werden, in der Ihr angestrebtes Verhalten als normal gilt. Neue Gewohnheiten erscheinen weniger schwierig, wenn man sieht, dass andere sie tagtäglich ausführen. Wenn Sie mit sportlichen Menschen zu tun haben, wird Ihnen das Training leichter selbstverständlich erscheinen. Wenn Sie in einer Familie aufwachsen, wo viel musiziert wird, werden Sie das eher für normal halten, täglich Ihr Instrument zu spielen. Umgeben Sie sich mit Menschen, die die Gewohnheiten haben, die Sie selbst anstreben. Zudem hilft es enorm, wenn aus individuellen Zielen gemeinsame Ziele werden. Nichts fördert die Motivation mehr als die Zugehörigkeit zu einer Gruppe.

3. Die Gewohnheit muss *einfach* sein
Dabei geht es um die Frage: Wie lange brauche ich, um eine neue Gewohnheit aufzubauen? Die Antwort ist relativ einfach: Je häufiger Sie eine Tätigkeit wiederholen, desto stärker verändert sich die Struktur Ihres Gehirns, sodass diese Tätigkeit effizient ausgeführt werden kann. Wiederholung ist eine Form der Veränderung. Deshalb sollte die Frage lauten: Wie viele Wiederholungen sind erforderlich, damit eine Gewohnheit automatisch wird? Das ist schwer zu sagen. James Clear weist darauf hin, dass die Dauer zwar variiert, vor allem je nach Komplexität der Aufgabe, aber grundsätzlich die Häufigkeit der Wiederholung wichtiger ist als die Zeitspanne. Meine persönliche Erfahrung hat mir gezeigt, dass eine Aufgabe oder Übung zu Beginn nie mehr als 12 Minuten in Anspruch nehmen darf. Nachher nimmt die Erfolgswahrscheinlichkeit drastisch ab.

4. Die Gewohnheit muss *befriedigend* sein
Für manche stellt sich nun vielleicht die Frage: „Machen Gewohnheiten mein Leben nicht langweilig und unfrei?" Ich denke, in Wahrheit ist das Gegenteil der Fall. Tatsächlich sind Menschen, die ihre Gewohnheiten nicht im Griff haben, oft am wenigsten frei. Wenn Sie bei den einfachsten Aufgaben stets Entscheidungen treffen müssen – wann sollte ich trainieren, wo kann ich schreiben, wann bezahle ich meine Rechnungen? –, haben Sie weniger Zeit für Freiheit. Es ist in der Tat andersrum: Wenn Sie jetzt Gewohnheiten entwickeln, haben Sie in Zukunft mehr Zeit für das, was Sie gerne möchten.

3.3.2 Rituale

Ein Ritual dürfte ein gängiger Begriff sein. Was ist nun der Unterschied zu einer Gewohnheit? Der Begriff hat schon gleichzeitig etwas Mystisches an sich. Der Begriff Ritual löst in mir seltsame Gefühle aus. Vielleicht ist er auch angsteinflößend. Auf jeden Fall denke ich bei einem Ritual an etwas Geheimnisvolles. Im Endeffekt bedeutet er aber nichts anderes als eine ausgeschmückte Gewohnheit in Raum und Zeit. Als eine Gewohnheit, deren Ablauf noch detaillierter festgelegt ist und noch zielgenauer durchgeführt wird. Manchmal wird ein Ritual sogar zelebriert. Und dadurch wird es vielleicht noch intensiver wahrgenommen!

Wenn wir imstande sind, aus einer Gewohnheit ein Ritual zu machen, dann ist dieser Ablauf noch gefestigter als sonst. Für die ganz wichtigen Dinge im Leben ist das auf jeden Fall sinnvoll. Vielleicht für Dinge, die wir nicht gedenken, gleich wieder abzuschaffen.

Literatur

1. Sauermann, Matthias (2020): Die Macht des Unbewussten: So entscheiden eure Kunden. https://der-onliner.blogspot.com/2020/02/eisbergmodell-marketing.html?utm_source=chatgpt.com (aufgerufen am 20.12.2024).
2. Backhaus, Julien (2021): Bullshit Rules: 50 Regeln, die Sie brechen müssen, um Erfolg zu haben. Seite 29, München, Finanzbuchverlag.
3. Clear, James (2020): Die 1%Methode: Minimale Veränderung, maximale Wirkung Wilhelm Goldman Verlag München.

4
Hindernisse erkennen: Die Stolpersteine des Selbstvertrauens

4.1 Woher kommt mein geringes Selbstvertrauen?

An einem Sonntagvormittag saß ich wie gewohnt auf der Terrasse meines Stamm-Cafés und trank meinen Kaffee. Trotz der angenehmen äußeren Umstände verspürte ich ein zunehmendes Gefühl der Leere. Obwohl ich von bekannten Gesichtern umgeben war, breitete sich in mir ein starkes Empfinden der Isolation aus, vergleichbar mit der Situation, in einem stillstehenden Zug zu sitzen und fälschlicherweise zu glauben, dass sich der eigene Zug in Bewegung setzt, obwohl es nur der Zug nebenan ist. Dieser Wahrnehmungsfehler erzeugt ein abruptes Gefühl der Desorientierung, das ein starkes Unbehagen auslöst.

Im Verlauf dieses Moments stellte sich bei mir eine zunehmende Unruhe ein. Ich begann, meine Situation infrage zu stellen, obwohl objektiv betrachtet alles in Ordnung schien. Beruflich etabliert, meine Gene bereits weitergegeben, die Anforderungen des Lebens erfüllt – dennoch wuchs die Überzeugung, dass etwas nicht stimmte. Dieses vage Unbehagen entwickelte sich zu einer klaren Einsicht: Ich stand an einem Punkt der Stagnation.

Als ich den aufsteigenden Rauch meiner Zigarette betrachtete, wurde mir bewusst, dass eine Veränderung notwendig war. Es entstand die Angst, dass ich in meinem Leben zurückbliebe, während andere Fortschritte machten. Das Gefühl der Orientierungslosigkeit verstärkte diese Unsicherheit. Heute erkenne ich, dass diese Emotionen einen Mangel an Selbstbewusstsein widerspiegelten. Ich empfand einen Mangel an Eigenachtung, der in der Unklarheit über meine zukünftige Entwicklung wurzelte. Es schien, als würde ich in einem Zustand der Stagnation verharren, während andere ihre Lebensziele verwirklichten.

Selbst etablierte Routinen, wie das regelmäßige Verweilen in diesem Café, das mir normalerweise half, das Leben auch selbstbewusst und freudig wahrzunehmen, trugen nicht mehr zu einer positiven Selbstwahrnehmung bei. Diese Erkenntnis verdeutlichte das Fehlen einer klaren Lebensplanung, was mein Selbstvertrauen schwächte. Steven Covey empfiehlt in seinem Werk „Die sieben Wege zur Effektivität", dass es hilft, das Leben vom Ende her zu denken [1].

> Vergleiche mit anderen führen häufig zu einem Rückgang des subjektiven Wohlbefindens.

Der Vergleich mit anderen verstärkte diese Empfindungen zusätzlich. Ich erkannte, dass das Beobachten der Erfolge anderer in mir Gefühle der Minderwertigkeit und des Neids auslöste, die mein Selbstvertrauen weiter untergruben. Solche Vergleiche, wie auch in psychologischen Theorien postuliert, führen häufig zu einem Rückgang des subjektiven Wohlbefindens. Dieses Gefühl verstärkte das

4 Hindernisse erkennen: Die Stolpersteine …

Bewusstsein der eigenen Defizite und wirkte kontraproduktiv für den Aufbau von Selbstachtung und Selbstbewusstsein. Bereits Buddha sprach vom Vergleich als unseres Glückes Tod.

> Wenn Kinder in den ersten zwei Jahren viel Zuwendung erfahren, dann entwickelt sich Urvertrauen.

Warum haben aber manche Menschen mehr Selbstvertrauen oder Selbstwertgefühl und manche weniger? Stefanie Stahl, die bekannte Psychologin und Autorin des Spiegel-Bestsellers „Dein Kind in dir muss Heimat finden" führt in einem Interview an, dass es vor allem auch auf die Prägung in unserem Elternhaus ankommt. Ohne dabei von Schuld sprechen zu wollen, wie wir von unseren Eltern erzogen worden sind, hängt von dem Erleben in dieser Zeit vieles ab, wie sich unser Selbstvertrauen in der Folge ausbildet. Wenn Kinder in den ersten zwei Jahren viel Zuwendung erfahren, dann entwickelt sich dieses sogenannte Urvertrauen. Und das ist ein ganz tiefes Gefühl von: Ich bin es wert, dass man sich um mich kümmert und da draußen gibt es Menschen, auf die ich mich verlassen kann. Und dieses Urvertrauen kann einen dann durch das ganze Leben tragen. In anderen Worten gesagt: Wir lernen unser Selbstwertgefühl im Spiegel unserer Eltern. Die Eltern spiegeln uns, was wir wert sind. Diese ganzen Prägungen bestimmen unsere Sicht auf die Wirklichkeit. Und das ist das ganz entscheidende, denn wir sehen ja nicht die Wirklichkeit. Wir wissen überhaupt nicht, was da draußen vorgeht, wir haben unsere Prägung und danach nehmen wir wahr. Und wenn meine Wahrnehmung ist, ich bin unterlegen, dann werde ich ganz oft da draußen in der Welt Beweise dafür finden, dass ich tatsächlich unterlegen bin. Da gibt es ganz viele Studien dazu, die bestätigen: Menschen mit einem schlechten Selbstwertgefühl bestätigen sich das immer wieder! Und Menschen mit einem guten Selbstwertgefühl im Grunde auch! Übersetzt heißt das: Das, was wir glauben, das finden wir auch draußen auf der Welt [2].

Auch Gewalt in der Kindheit kann eine zentrale Rolle spielen. Physische Gewalt hinterlässt deutlich sichtbare Spuren und ist zu Recht ein Fall für das Jugendamt. Es gibt aber auch noch eine andere Form der Aggression, die für Außenstehende viel weniger offensichtlich ist, ein Kind aber ungleich tiefer und nachhaltiger verletzen kann. Unangemessene Kritik, Sarkasmus oder gar Spott sind nur wenige Beispiele für die psychische Gewalt, die viele Kinder Tag für Tag durch Eltern, Lehrer und andere Autoritätspersonen erfahren. In der Regel ist die Aggression ohne Körpereinsatz um ein Vielfaches subtiler. Sie wirkt sich in jedem Falle nachhaltig negativ auf das Selbstbild und Selbstvertrauen der Kinder und damit einhergehend auf ihre Fähigkeit, sich voll zu entfalten und mit anderen Menschen zu interagieren. Wir sind alle nur Menschen und jeder Geduldsfaden kann irgendwann einmal reißen [3].

Wichtig für mich ist aber immer das Wissen darum, dass ich es jetzt selbst in der Hand habe, diese meine persönliche Situation zu ändern. Dass ich mich heute dazu entschließen kann, mit der Umsetzung einiger Tipps in diesem Buch zu beginnen, um mir mehr Selbstvertrauen in meinem Leben zu erarbeiten. Reinhold Messner, der größte lebende Bergsteiger, erzählt in einem seiner Vorträge vom bereits angesprochenen Urvertrauen, das er von seiner Mutter mitbekommen hat, als er im wunderschönen Villnösser Tal als Kind bereits waghalsige Kletterunternehmen mit seinem Bruder Günther in den umliegenden Bergen startete. Wie machte seine Mutter das? Indem sie ihnen einfach vertraute, dass sie das schon schaffen werden. Dieses Urvertrauen war laut Messner später

4 Hindernisse erkennen: Die Stolpersteine …

immer wieder mit ausschlaggebend, dass er seine unglaublichen Abenteuer überlebte [4].

> Sind wir ehrlich: Die meisten von uns denken, dass, wenn es darauf ankommt, der Mensch grundsätzlich böse ist.

Dieses Urvertrauen kann vielleicht auch dadurch gestärkt werden, wenn wir ein verändertes Menschenbild annehmen. Ein anderes Bewusstsein schaffen, wie wir Menschen ganz tief drinnen in unserem innersten Urinstinkt ticken. Sind wir ehrlich: Die meisten von uns denken, dass, wenn es darauf ankommt, der Mensch grundsätzlich böse ist. Wenn es ums nackte Überleben geht, wir über Leichen gehen! Nur um uns selbst das Überleben zu sichern. Wir werden, wenn es um unser Wohl und Gut geht, augenblicklich zu skrupellosen Egoisten. Wir lassen unsere Maske fallen und zeigen unser wahres, vom Überleben getriebenes Gesicht ohne Rücksicht auf Verluste. Ohne Rücksicht auf andere Menschen. Vielleicht auch zu Recht! Einige weltberühmte Studien wie zum Beispiel das Milgram-Experiment mit den Stromstößen haben dies scheinbar bestätigt. Uns fallen bestimmt einige Situationen ein, in denen wir leider diese Erfahrung gemacht haben, dass Menschen, wenn es ums Eingemachte geht, nur auf sich und ihren Vorteil schauen! Auf den Punkt gebracht: Es halten uns im Grunde nur etwas zivilisatorischer Lack, eine Handvoll Gesetze und Autoritäten davon ab, über unsere Mitmenschen herzufallen!

Aber was wäre, wenn es in Wahrheit doch ganz anders ist, fragt sich der niederländische Journalist Rutger Bregman in seinem Buch „Im Grunde gut", das in 44 Sprachen übersetzt wurde. Was wäre, wenn unsere Vorstellung vom Wesen des Menschen auf falschen Prämissen fußt. Anhand von Beispielen weist er eindrucksvoll nach, dass sich unsere Spezies sich gegen andere Menschenarten nicht mit Stärke, Intelligenz und List durchsetzen konnte, sondern vor allem durch Kooperation. Nur durch ein vertrauensvolles Miteinander und eine naive Zuversicht in die Zukunft haben wir es geschafft, unsere Tage als Jäger und Sammler hinter uns zu lassen und weitgehend friedlich zusammenzuleben. Er spricht in diesem Zusammenhang vom Überleben der Freundlichsten. Der große Trumpf des Menschen ist, auch im Vergleich zu Tieren, das sogenannte „soziale Lernen". Wer immer wieder auf neue Menschen trifft, lernt immer wieder neue Dinge. Wenn wir aber durchgehend der hellste Kopf in unserem Team sind, können wir uns nicht weiterentwickeln. Durch unser soziales Lernen konnten wir schlauer werden als die Neandertaler, die ja bekanntermaßen ausgestorben sind [5].

Seine bahnbrechenden Thesen fußen zum einen darauf, dass er die weltberühmten psychologischen Experimente wie zum Beispiel das Stanford-Prison-Experiment mit den freiwilligen Häftlingen und den aggressiven Gefängniswärtern, das total aus dem Ruder lief und abgebrochen werden musste, derart auseinandernimmt, dass von der ursprünglichen Aussage nicht mehr viel übrigbleibt. Zum anderen führt er nachweisbare Beispiele an wie die Geschichte mit Colonel Marshall im Zweiten Weltkrieg und den Soldaten, die nicht schossen. Das ist laut den Recherchen von Bregman kein Einzelfall. Es gibt Erhebungen, wo die Feuerquote teilweise nur bei 15 % liegt. Laut Tagebuchaufzeichnungen von Offizieren soll es im Ersten Weltkrieg sogar dazu gekommen sein, dass die verfeindeten britischen und deutschen Soldaten am Heiligen Abend 2014 gemeinsam Fußball gespielt haben. Klar wissen wir, dass es nicht immer so harmonisch zugeht. Zur Wahrheit gehört natürlich auch, dass Menschen andere Menschen töten. Und wenn wir uns die Geschichte der Menschheit vergegenwärtigen, dann starben gar nicht wenige

4 Hindernisse erkennen: Die Stolpersteine ...

Menschen in kriegerischen Konflikten. Aber eines kann deutlich behauptet werden: Der normale Mensch tötet normalerweise nicht von sich aus andere Menschen oder will ihm Schlechtes, sondern immer unter menschgemachten Umständen, die ihn dazu motivieren [6].

> Wenn wir glauben, dass die meisten Menschen im Grunde nicht gut sind, werden wir uns gegenseitig auch dementsprechend behandeln.

Was bedeutet diese Erkenntnis für mich? Ein negatives Menschenbild, das leider zum Großteil vorherrscht, funktioniert wie ein Nocebo-Effekt. Schlucken Sie eine Medizin, von der Sie annehmen, dass sie Sie krank macht, stehen die Chancen gut, dass Sie es auch werden. Über diesen Nocebo-Effekt wurde relativ wenig geforscht. Trotzdem deutet vieles darauf hin, dass ein Nocebo sehr stark wirken kann. Wenn wir glauben, dass die meisten Menschen im Grunde nicht gut sind, werden wir uns gegenseitig auch dementsprechend behandeln. Dann fördern wir das Schlechteste in uns zutage [7]. Deshalb ist es hilfreich, sich ein anderes, ein förderliches Menschenbild anzueignen.

Um auf die Frage zurückzukommen, warum manche Menschen ein höheres Selbstwertgefühl haben, ist natürlich auch Fakt, dass wir nicht mit den gleichen genetischen Voraussetzungen geboren werden. Manche sind vielleicht von Natur aus etwas zurückhaltender als andere. Aber niemand wird bereits resilient geboren. Also mit unabdingbarer Widerstandskraft, dass ihm nichts etwas anhaben kann. Reinhold Messner bedankt sich sogar dafür bei den Personen, die ihm im Laufe seines Lebens immer wieder Steine in den Weg gelegt haben auf dem Weg zu seinen angestrebten Zielen. Er meint dazu, das habe ihn erst erfolgreich gemacht und hat ihn seine Ziele vielleicht nur deshalb erreichen lassen.

Zusätzlich zu unserem Urvertrauen und Weltbild gibt es aber Dinge, die wir auf jeden Fall ab heute vermeiden sollten, um unser Selbstwertgefühl nicht noch kleiner werden zu lassen.

4.2 Was man besser vermeiden sollte

Mein Zahnarzt sagte zu mir: „Sie haben ein Dreieck als Kieferbogen." Danke, sagte ich nur still zu mir selbst. „Ich habe doch nicht nach der Diagnose gefragt, sondern nach der Prognose. Dass mein Kiefer nicht dem entspricht, wie ich es gerne hätte, auf das wäre ich selbst draufgekommen." Wenn Leute ungefragt mehr zu etwas sagen, was mein Selbstvertrauen nicht unbedingt größer macht, dann kann ich gerne darauf verzichten. In diesem genannten Fall lag ich auf dem Zahnarztstuhl dem Zahnarzt vollkommen ausgeliefert und konnte mich nicht schützen vor seinem Kommentar. Was ich Ihnen sagen möchte: Hüten Sie sich vor negativen Vergleichen oder negativen Ereignissen, die Ihr Selbstvertrauen angreifen und mit Sicherheit kleiner machen.

4.2.1 Vergleiche

> Im Gegensatz zum Vergleich beinhaltet Neid eine emotionale Komponente, die oft mit einem Gefühl der Benachteiligung oder des Mangels verbunden ist.

Es liegt in unserer Natur, dass wir uns ständig und immer vergleichen wollen. Doch der Vergleich ist ein zweischneidiges Schwert. Der Vergleich ist jeden Glückes Tod, wird Dieter Lange, ein erfolgreicher deutscher Speaker, nicht müde zu betonen. Ein ähnlicher Begriff, der in diesem Zusammenhang immer wieder verwechselt wird, ist der Neid. Im Gegensatz zum Vergleich beinhaltet Neid eine emotionale Komponente, die oft mit einem Gefühl der Benachteiligung oder des Mangels verbunden ist. Der aus dem TV bekannte Psychologe Rolf Schmiel unterscheidet in seinem Buch „Psychohacks" zweierlei Arten von Neid. Der konstruktive Neid verwandelt sich in einen Ansporn. Der Mitschüler hält ein brillantes Referat und erntet Bewunderung, Anerkennung und eine Eins? Das will ich beim nächsten Mal auch schaffen! Aber das Problem ist der destruktive Neid, der oft mit einem geringen Selbstwertgefühl einhergeht. Wer auf diese Art neidisch ist, wertet den anderen ab – und sich selbst gleich mit. Das kann sich auf Fähigkeiten oder auf materielle Güter beziehen: Wieso haben die einen Pool, den ich mir niemals leisten könnte? In einer mehrfach durchgeführten Studie konnten die Teilnehmer zwischen zwei Varianten wählen. Erste Möglichkeit: Jeder bekommt zehn Euro geschenkt. Zweite Möglichkeit: Die Hälfte der Probanden bekommt zwanzig Euro geschenkt, die andere Hälfte hundert Euro. Fast alle Teilnehmer entschieden sich für Variante eins. Sie verzichteten also mindestens auf zehn Euro – weil sie nicht ertragen hätten, dass jemand anderes möglicherweise aus reiner Willkür mehr bekommt als sie selbst [8]. Das ist höchst irrational. Das ist das „jemanden Etwas nicht vergönnen können".

Da kommt mir auch das Gleichnis von der Geschichte vom Bauern und seinen Erntehelfern in den Sinn, die Jesus im Neuen Testament der Bibel erzählt: Er einigte sich mit den Arbeitern auf einen Denar für den ganzen Tag und schickte sie in seinen Weinberg zum Ernten. Später am Tag schickte er noch weitere Arbeiter in seinen Weinberg! Und sogar kurz vor dem Abend warb der Gutsherr weitere Arbeiter an, um mitzuhelfen. Als es dann

Abend wurde, sagte der Besitzer des Weinbergs zu seinem Verwalter: „Ruf die Arbeiter, und gib ihnen den Lohn! Fang bei den letzten an, und komm zu den ersten." Die kurz vor Tagesende Angeworbenen kamen, und jeder erhielt einen Denar. Als die ersten an der Reihe waren, dachten sie, sie würden mehr bekommen. Aber auch sie erhielten nur einen Denar. Als sie ihn bekamen, murrten sie gegen den Gutsherrn und sagten: „Diese letzten haben nur eine Stunde gearbeitet, und du hast sie uns gleichgestellt; wir aber haben den ganzen Tag über die Last der Arbeit und die Hitze ertragen." Da erwiderte er einem von ihnen: „Freund, dir geschieht kein Unrecht. Hast du nicht einen Denar mit mir vereinbart? Nimm dein Geld und geh! Ich will dem letzten ebenso viel geben wie dir." Die Frage ist, wieso empfinden wir Neid, der uns unglücklich macht, obwohl wir das bekommen, was wir vereinbart haben? Warum schauen wir auf die anderen? Wir empfinden eine Art Ungerechtigkeit. Wenn wir in diese Falle tappen, werden wir immer etwas finden, was auf der Welt nicht gerecht ist. Da müssen wir gar nicht weit gehen.

Gerne vergleichen wir uns in sportlichen Belangen mit anderen. Das liegt auch in der Natur der Sportwettkämpfe. Wenn wir nicht gerade Lionel Messi oder Cristiano Ronaldo heißen, dann wird sich immer jemand im Fußball finden lassen, der noch besser und stärker ist als wir. Wer aber damit beginnt, sich nur mit sich selbst zu vergleichen, der hat garantiert eine stabilere Motivationsbasis. Denn es besteht immer die Möglichkeit, sich zu steigern, wenn man die eigene Bestleistung zum Maßstab nimmt. Wer dann über sich hinauswächst, kann die eigene Entwicklung als positiv deuten – selbst dann, wenn ein Konkurrent möglicherweise eine noch bessere Leistung abgeliefert hat.

Jürgen Klopp sagte auf einer Pressekonferenz einmal, er habe sich abgewöhnt, Dinge zu wollen, die er nicht haben

4 Hindernisse erkennen: Die Stolpersteine ...

kann. Er findet es wichtig, dass man Dinge haben will. Aber wenn man irgendwann feststellt, dass es nicht geht, dann hält das total auf. Wenn der Nachbar ein größeres Auto besitzt als Sie selbst und Sie ständig nach drüben schauen, dann wertschätzen Sie Ihr eigenes Auto irgendwann nicht mehr. Seinen Alltag weniger positiv einschätzen aufgrund eines möglicherweise besseren Alltags Ihres Mitmenschen ist nicht zielführend und bringt Sie nicht weiter [9].

Übrigens, wenn Sie sich schon unbedingt vergleichen wollen, empfehle ich Ihnen, an all jene zu denken, die hinter Ihnen zurückstehen, die Sie bereits übertroffen haben. Und das sind bestimmt nicht wenige.

Eine Herausforderung stellen die sozialen Medien dar, was den Vergleich mit anderen betrifft. Vor allem deren Algorithmen sind so programmiert, dass wir nach einem einmal aktiv getätigten Konsum bestimmter Seiten oder Profile leider immer wieder dieselben Kategorien zugespielt bekommen. Und das macht uns mittelfristig vielleicht glauben, dass es nur perfekte Menschen und Körper rund um uns herum gibt. Stefanie Stahl legt Ihnen in diesem Zusammenhang nahe, einmal wieder ins Schwimmbad zu gehen, um dort festzustellen, dass die Realität nun mal ganz anders aussieht. Sie nennt es Realtherapie [11]. Also einfach mal genau hingucken, wie sehen andere Menschen genau aus. Um dann vielleicht wahrzunehmen, dass auch körperlich nicht vollkommene Menschen tatsächlich auch glücklich erscheinen können und wahrscheinlich auch zur Genüge sind.

> Bringen Sie sich zum Strahlen, bevor Sie kritisiert werden.

Manchmal ist es so, dass nicht wir uns mit anderen vergleichen, sondern dass andere uns mit anderen vergleichen. So ergeht es vielen großen Namen der Politik, der Kunst und des Sports. In Radio, Fernsehen und den großen Tageszeitungen werden unsere Leistungen und Fähigkeiten hervorgehoben. Wir werden gelobt und getadelt. Die Grenze ist dabei fließend und verrutscht augenblicklich. Je mehr Aufmerksamkeit wir in der öffentlichen Wahrnehmung erregen, desto heftiger sind wir diesem Vergleich ausgesetzt. Bei guter Kritik genießen wir das Bad in der Menge und sehen keinen Grund, dem Einhalt zu gebieten. Wenn die öffentlichen Darstellungen nicht mehr ganz so angenehm werden und manchmal in bitterböser Kritik abdriften, dann haben wir plötzlich ein großes Problem damit. Unser Selbstvertrauen leidet enorm unter negativer Kommunikation in allen Medien. Akut ist das Problem heute auch in den sozialen Medien. Da bekommen wir ungefragt und zeitnah Feedback von den Nutzern dieser Plattformen. Dabei können wir uns nur dadurch schützen, indem wir uns selbst bereits vorab zum Strahlen bringen. Unser Selbstvertrauen stärken und so groß wie möglich lassen werden, bevor wir uns der öffentlichen Kritik aussetzen. Öffentliche Kritik gibt es heute überall. Sogar die „Biene Maja", die Zeichentrick-Biene der 80er Jahre, hat anscheinend Hater, wenn man die anonymen Kommentare liest. Unglaublich! Das ist der ultimative Beweis: Niemand ist heute davor gefeit, ohne offensichtlichen Grund kritisiert und verbal angegriffen zu werden! Deshalb: Setzen Sie alle Voraussetzungen, wie, sich auch zum Strahlen zu bringen. Die brauchen Sie, um danach Handlungen durchzuführen, die dann sehr viel Selbstvertrauen benötigen.

4.2.2 Negative Ereignisse

Jeder Mensch macht auch negative Erfahrungen. Es gibt kein Leben nur im Sonnenschein. Aber manchmal können wir für uns ungünstige Situationen vorhersehen. Dann ist es fahrlässig, wenn wir diesen Ereignissen trotzdem beiwohnen. In diesem Zusammenhang fällt mir rückblickend folgende Geschichte ein: Ich sitze soeben vor einem mächtigen Schreibtisch, dahinter sitzt möglicherweise mein zukünftiger Vorgesetzter. Ich bin gerade verzweifelt am Argumentieren, warum ich diese Arbeitsstelle unbedingt haben möchte. Aber irgendwie gelingt es mir nicht so recht. Auch ich selbst habe das leise Gefühl, dass ich mich gar auch selbst nicht überzeugen kann. In mir stellt sich ein leichtes Unwohlsein ein, und ich merke soeben, dass mir die Felle davon schwimmen. Ich rede zwar immer weiter, aber gleichzeitig entferne ich mich immer weiter von einer möglichen Anstellung als Controller. Ich frage mich schon, warum zum Teufel kann ich mein Gegenüber nicht überzeugen? Warum wohl? Ich bin bestens qualifiziert und ich habe sehr viel Erfahrung in diesem Bereich. Und trotzdem kommt nicht ganz unerwartet, das „Nein"! Irgendwie sah ich es bereits kommen. Es ist, wie bereits erwartet, ein Schlag in die Magengrube. Ich sei überqualifiziert, war die lapidare Antwort auf mein minutenlanges Bemühen um die Stelle! Als ich das Büro verließ, fragte ich mich: „Warum machst du das? Warum bewirbst du dich für diese Stelle, wenn du sie nicht voll und ganz haben willst?" „Was will ich mir beweisen?", fragte ich mich weiter. „Wie viele Vorstellungsgespräche willst du noch führen?" Mit jeder Abfuhr fühlte ich mich ein bisschen kleiner. Wie weit muss ich noch sinken?

Ich glaube, für den Moment gibt es nichts Gefährlicheres für das Selbstvertrauen, als negative Erfahrungen. Diese Erfahrungen sind zunächst wirklich schlimm, und sie fühlen sich auch so an. Ich denke, dass es sinnvoll ist, sich auf jeden Fall nicht bewusst negativen Erfahrungen auszusetzen. Sie nicht aktiv zu suchen! Wenn ich zum Beispiel im Vorhinein schon weiß, dass ich wahrscheinlich auf ein unglückliches Ende zusteuere, dann wäre es das Beste für mich, bereits am Beginn eine andere Richtung einzuschlagen. Immer ist das natürlich nicht möglich. Ganz oft können wir gar nicht vorhersehen, was auf uns zukommt.

Auf jeden Fall sollten wir unsere negativen Gefühle nicht vermehren, indem wir Dinge tun, die jene Situation verstärken, weshalb wir überhaupt erst die negativen Gefühle haben. Wir sollten die Situation anders interpretieren, so wie das selbstbewusste Menschen tun. Der Wissenschaftler Martin Seligman hat in seiner Forschungsarbeit zur Positiven Psychologie drei Prinzipien herausgearbeitet, die es Optimisten erlaubt, schneller und leichter ihre Gedanken und ihre Gefühle positiv zu beeinflussen. Davon ausgehend, dass das Leben Optimisten mit ebenso harten Schlägen zusetzt, halten Optimisten erstens Niederlagen für vorübergehend und betrachten sie zweitens lediglich als Rückschläge, die nur auf diesen einen Fall beschränkt bleiben. Und drittens schreiben sie sich ihr Unglück nicht selbst zu: Die Umstände, eine Pechsträhne oder andere Leute haben es herbeigeführt. Solche Menschen lassen sich durch Niederlagen nicht unterkriegen. Eine schwierige Situation betrachten sie als Herausforderung und strengen sich besonders an [10].

4.3 Woran erkenne ich mein niedriges Selbstvertrauen?

> Menschen mit niedrigem Selbstwertgefühl fokussieren sich auf ihre Schwächen.

Woran erkennen wir nun, wie es um unser Selbstvertrauen steht? An was können wir das Selbstvertrauen festmachen?

Lässt sich das irgendwie messen? Es gibt keine direkte Möglichkeit, Selbstvertrauen objektiv zu messen, da es eine subjektive Erfahrung ist. Es gibt jedoch einige Anzeichen und Methoden, um die Stärke des Selbstvertrauens zu beurteilen. Stefanie Stahl erklärt in einem Interview, was Menschen mit niedrigem Selbstwertgefühl zum einen von Menschen mit höherem Selbstwertgefühl unterscheidet. Menschen mit niedrigem Selbstwertgefühl fokussieren sich auf ihre Schwächen. Sie nehmen Schwächen bei sich wahr, die kein anderer bei ihnen wahrnimmt. Und sie nehmen ihre Schwächen viel zu wichtig. Das Fatale dabei ist dann, dass diese Menschen ihre Unsicherheit vor anderen Menschen verschleiern möchten. Sie machen dann irgendwelche seelische Veranstaltungen, um dieses niedrige Selbstvertrauen zu kompensieren. Da gibt es grundsätzlich zwei Typen: den Leisen und den Lauten! Der Leise versucht, alle Erwartungen zu erfüllen. Einfach alles richtig zu machen, artig und angepasst zu sein. Er fürchtet sich vor Ablehnung, deshalb will er partout keine Fehler machen. Die eigenen Bedürfnisse werden unterdrückt aus Angst vor Ablehnung. Die Leisen sind ständig in der Defensive und das kann darin münden, dass sie in den passiven Widerstand gehen können. Das bedeutet, sie lassen andere Menschen auflaufen, ziehen sich lautlos aus dem Kontakt zurück, machen Versprechen, die sich nicht einhalten können oder vergessen einfach Dinge. Sie sagen nicht laut Nein, sondern sagen Ja und schlängeln sich dann irgendwie durch. Ihr Leben ist im Grunde auf Vermeidung aufgebaut. Der Laute hingegen geht in die Offensive: „Ich scheiß auf euch alle! Ich mache sowieso mein eigenes Ding. Ist mir doch egal, was ihr von mir denkt." Sie wollen nicht anderer Erwartungen erfüllen. Sie möchten immer zuerst hören, was man von ihnen will, dass sie wissen, was sie nicht tun werden. Tendenziell sind laut Stahl eher Männer die lauten Typen und Frauen eher die

Leisen. Die Lauten geben immer den anderen die Schuld, während die Leisen die Schuld bei sich selbst suchen. Die Lauten gehen immer schnell in den Widerstand und in den Angriffsmodus. Ihr Lieblingswort ist „Aber". Stefanie Stahl bezeichnet sie als Zicken (auf beide Geschlechter bezogen). Sie beharren auf ihren eigenen Rechten. Man merkt nicht sofort, dass sie ihrer selbst unsicher sind [11].

> Unser Selbstwertgefühl sehen wir ganz oft im Spiegel des anderen.

Wenn Sie sich noch nie die Frage gestellt haben, wie es um Ihr eigenes Selbstwertgefühl eigentlich steht, könnte das ein Indiz dafür sein, dass es zur Genüge vorhanden ist. Tendenziell denken eher Menschen darüber nach, die bereits öfter bei einer wichtigen Sache das Gefühl hatten, dass sie vor allem an ihrem niedrigen Selbstbewusstsein scheiterten. Ironischerweise sind sie sich selbst bereits bewusst, dass sie bei dem Thema möglicherweise Aufholbedarf haben. Trotzdem haben wir manchmal eine verzerrte Eigenwahrnehmung und es schadet vielleicht nicht, sich ein grobes Bild über sich selbst zu machen. Wie bereits einige Seiten vorher erklärt, ist es nicht so einfach, das Selbstbewusstsein konkret zu messen. Unser Selbstwertgefühl sehen wir ganz oft im Spiegel des anderen. Wir sind darauf konditioniert, dass wir das Selbstwertgefühl dadurch bewerten, wie ein anderer auf uns reagiert. Welche Miene derjenige auf unsere Handlungen macht.

4.3.1 Umgang mit Feedback

„Guten Morgen, ich muss schon sagen. Wie du ihnen gestern die zwei Tore eingeschenkt hast, das war schon allererste Sahne!" „Danke, da war aber schon viel Glück dabei.

Und schließlich war es auch recht einfach, das hätte wahrscheinlich jeder hinbekommen. Das ist jetzt nichts Besonderes." So oder ähnlich könnte es sich am Tag nach einem erfolgreichen Fußballspiel zutragen. Der erfolgreiche Torschütze wird von einem Fan persönlich angesprochen und für seine Leistung außerordentlich gelobt. An der Reaktion des Torschützen erkennen wir, dass sein Selbstwertgefühl nicht besonders ausgeprägt ist. Denn im Grunde schwächt er das positive Feedback des Fans ab. Oder er lehnt es gar ab aus falscher Bescheidenheit. Es gibt mehrere Hinweise darauf in seiner Antwort. Dadurch, dass es scheinbar Glück war, spielt er seinen Beitrag zum Gelingen enorm herunter. Dann führt er aus, dass diese Leistung nichts Besonderes war. Das impliziert, dass es eigentlich jeder hinbekommen würde. Durch diese falsche Bescheidenheit bestätigt er sich selbst seine nicht besondere Leistung und in der Folge auch seinen nicht besonderen Wert als Fußballer. Und das ist eigentlich ganz schlimm. Denn wir bekommen nicht immer nur positives Feedback. Und wenn wir das schon mal bekommen, dann sollten wir es nutzen, um uns auch wirklich besser zu fühlen. Um unser Selbstbewusstsein auch wachsen zu lassen. Konkret: Wir haben es in diesem Augenblick erfolgreich selbst vollbracht und zwei Tore geschossen und eben nicht ein anderer. Deshalb sollten wir doch nicht die Fakten verdrehen und die augenscheinliche Sachlage herunterspielen. Es hat eben nicht jemand anderes ein Tor geschossen. Wenn wir uns in dem Moment schon nicht mal selbst loben, das uns natürlich auch guttun würde, dann sollten wir wenigstens ein Kompliment annehmen. Es ist eben nicht selbstverständlich. Denn es muss uns bewusstwerden, es kann auch genau andersrum sein. Wir bekommen zum Beispiel harsche Kritik. Und dann möchte ich mal sehen, wie wir reagieren. Wie gehen wir dann damit um? Das ist die Frage. Bei negativer Kritik ist es schwer, sein Selbstvertrauen zu beschützen, geschweige denn zu steigern. Ein Mensch mit wenig Selbstvertrauen bezieht in dem Moment die Kritik nur auf sich und nimmt sie zutiefst persönlich. Obwohl hier vielleicht sinnvoller wäre, die vorher angewandte Strategie anzuwenden, und das scheinbare Versagen der ganzen Mannschaft zuzuschreiben. Und dann die Umstände, also das Pech, verantwortlich zu machen. Studien von Martin Seligman belegen, dass erfolgreiche Menschen genau das tun. Erfolge schreiben sie sich persönlich zu und Niederlagen den Umständen. Nicht, dass Sie das falsch verstehen. Erfolgreiche und selbstbewusste Menschen übernehmen in diesem Fall auch die Verantwortung dafür, aber ihre Reaktion ist eben eine andere. Sie sind sich sicher, dass Niederlagen einmalig sind und sich nicht wiederholen [10].

> Wenn wir uns schon nicht mal selbst loben, dann sollten wir wenigstens ein Kompliment annehmen.

Wie reagieren nun Menschen mit wenig Selbstwertgefühl auf negatives Feedback? Sie haben grundsätzlich zwei Strategien: Sie schlucken es und fühlen sich schuldig. In der Folge versuchen sie ständig, kein Risiko einzugehen. Oder sie schreien laut, weisen jegliche Verantwortung von sich und greifen andere Menschen persönlich an. Aber denken wir einmal nach. Warum trifft uns negative Kritik manchmal so hart. Warum sind wir manchmal so tief verletzt? Warum ist uns das nicht egal? Warum können wir die Kritik nicht einfach so an uns abprallen lassen. Als wären wir eine unüberwindbare Wand aus härtestem Stahl. Vielleicht haben wir tief drin in uns eine leise Ahnung, dass das, was kritisiert wird, in Teilen vielleicht wahr sein könnte. Dass es zutreffen könnte. Dass die Kritik vielleicht doch gerechtfertigt sein könnte. Sie sind sich eben nicht sicher. Sie sind sich Ihrer selbst nicht bewusst. Sind wir einmal ehrlich. Wenn Sie jemand ganz forsch angreift und Ihnen direkt ins Gesicht sagt, dass Sie aussehen wie ein Elefant, sich bewegen wie ein Fisch und Ihre Frisur einem Christbaum ähnelt, dann, ganz ehrlich, wenn das hoffentlich nicht ansatzweise der Realität entspricht, lässt Sie das buchstäblich kalt. Es trifft Sie nicht im Geringsten. Sie merken, das ist so übertrieben, das können Sie gar nicht ernst nehmen. Und genau deshalb verletzt es Sie in dieser Situation nicht. Wenn Sie Vertrauen in sich selbst haben, dann berührt es Sie nicht so stark, als dass Ihr Selbst-Vertrauen darunter leiden würde. Das bedeutet, wenn Sie sicher sind, dass die Kritik nicht gerechtfertigt ist, dann sollte Sie das kalt lassen. Das zeigt vor allem, dass Sie über genügend Selbstbewusstsein verfügen und Sie das nicht tiefer berührt.

Richard Branson meint in seinem Buch „Geht nicht, gibt's nicht", dass Sie Ihre Mitarbeiter aufblühen lassen können, indem Sie in ihnen das Beste suchen. Wenn Sie sie kritisieren oder nach den schlechtesten Eigenschaften suchen, werden sie verkümmern. Wir alle müssen reichlich gegossen werden [12]. Und deshalb sage ich: „Wenn uns niemand gießt, dann müssen wir uns selbst gießen!"

4.3.2 Rechtfertigung

Sie kennen bestimmt in Ihrem Umfeld Menschen, die sich für alles und jedes rechtfertigen. Oft auch ungefragt. Und wenn es um noch so kleine Versehen geht, sie weisen jegliche Verantwortung umgehend von sich. Und erklären, warum es dazu gekommen ist und warum Sie nicht wirklich die Schuld trifft. Ich glaube, dass beim Hobeln immer Späne entstehen. Die gehören zum Leben dazu. Wenn wir aktiv sind, wird es immer auch zu Unwägbarkeiten während unseres Tuns kommen. Ich denke, dass wir uns nur darüber bewusst sein müssen. Fehler zu machen ist nichts Verwerfliches. Im Gegenteil, Fehler bringen uns erst richtig weiter. Blöd ist nur, wenn wir aus Fehlern nicht dazulernen. Wenn wir Fehler immer wiederholen. Aber: Es gibt niemanden, der keine Fehler macht. Der legendäre Basketballer Michael Jordan bringt es in einem ihm zugeordneten Zitat auf den Punkt. Er ist sich sicher, dass er nur deshalb zum Gewinner wurde, weil er in seiner Karriere bereits mehr als 9000 Würfe verfehlt hat, beinahe 300 Spiele verloren und 26-mal den anvertrauten „Buzzerbeater" nicht getroffen hat. Er sei immer und immer wieder in seinem Leben gescheitert. Das müssen Sie sich auf der Zunge zergehen lassen. Michael Jordan, der wohl beste Basketballer aller Zeiten, hat so viele Fehlwürfe praktiziert, um dann seine Erfolgsgeschichte zu schreiben. Ich schließe daraus, wir sollten zu unseren Fehlwürfen im Leben stehen. Die Verantwortung übernehmen und unsere Lage nicht auf andere Menschen oder den schwierigen Umständen schieben. Vor allem zur Perfektion neigende Menschen haben ein schwieriges Verhältnis zu Fehlern. Laut Renè Borbonus bedeutet, perfekt zu sein, keine Fehler zu machen! Aber Leute lieben keine perfekten Menschen, sondern souveräne Menschen! Und das impliziert, sich seiner Schwächen bewusst zu sein und trotzdem das Beste zu geben [13]!

> Blöd ist nur, wenn wir aus Fehlern nicht dazulernen.

4.3.3 Sprache

Haben Sie sich schon einmal dabei ertappt, dass Sie gedankenverloren ins Fettnäpfchen getreten sind? Zum Beispiel als Mann auf die Damen-Toilette gegangen sind? Oder eine Straßenausfahrt aufgrund einer spontanen Ablenkung verpasst haben? Wie haben Sie darauf reagiert? Wenn Sie mit „Ich Idiot" oder Ähnlichem darauf reagiert haben, dann ist das nicht förderlich für Ihr Selbstvertrauen und in der Folge auch ein Hinweis für mangelndes Selbstvertrauen. Ich bin mir ziemlich sicher, dass die meisten Menschen, mich eingeschlossen, die Macht der Worte enorm unterschätzen. Solche Aussagen zu sich selbst klingen vielleicht harmlos und einerseits sogar lustig, wirken aber im Hintergrund auf ihr Unterbewusstsein. Das Tragische an der Sache ist leider: Dem Unterbewusstsein ist es egal, ob Sie das ernst meinen oder ob es vielleicht nicht stimmen mag. Es macht keinen Unterschied zwischen Wahrheit und Unwahrheit. Es merkt sich die Worte. Und bei ständiger Wiederholung wird es irgendwann zur Realität. Und deshalb sind Worte so mächtig. Persönlich ertappe ich mich manchmal noch – zum Glück immer seltener – wie ich auf ein Problem, das mich urplötzlich trifft, wie folgt reagiere: „Ist ja logisch, dass das genau mir passiert." Was für ein fataler Gedanke. Es zeigt, dass wir in dem Moment in die Opferrolle schlüpfen. Darüber haben wir bereits ausführlich gesprochen. Ich bin mir sicher, dass dem objektiv gesehen nicht so ist. Aber wir bewerten das so. Nelson Mandela gab 1994 in seiner Antrittsrede als gewählter Präsident Südafrikas eine gute Zusammenfassung: „Du bist ein Kind Gottes, und dich selbst klein zu machen tut der Welt keinen Dienst. Dich klein zu machen, damit die anderen Menschen um dich herum sich nicht unsicher fühlen, hat nichts Erhellendes. Wir alle sollten strahlen wie die Kinder. Wir wurden geboren, um die Herrlichkeit Gottes in uns zu offenbaren [14]." Noch eklatanter sind die Beschimpfungen, die wir uns selbst an den Kopf werfen. Ganz oft passiert das bei Sportwettkämpfen, wo ein Athlet sich lauthals selbst beschimpft, wenn ihm etwas misslungen ist. Und das ist erstens nicht förderlich und zweitens ein eindeutiger Hinweis auf ein geringes Selbstvertrauen.

> Das Unterbewusstsein unterscheidet nicht zwischen Wahrheit und Unwahrheit.

Es gibt auch Zeitgenossen, die sprechen von sich selbst in der dritten Person. Diese Menschen haben vielfach die Kontrolle über sich selbst verloren. Sätze wie: Morgens hat „man" nicht so viel Lust aufzustehen, und „man" dreht sich lieber noch einmal um auf die andere Seite sind verräterisch. Durch die dritte Person wird die eigene Schwäche oder das eigene Fehlverhalten verallgemeinert. Nach dem Motto: Es gibt ja so viele Menschen, denen es ähnlich geht. Also kann das ja gar nicht so schlimm sein. Erfolgreiche Menschen mit Eigenverantwortung reden dagegen in der Ich-Form. „Ich" stehe morgens auf und „ich" freue mich schon auf die Herausforderungen des Tages. So jemand hat Verantwortung für das eigene Leben übernommen und weiß, dass er selbst seines Glückes Schmied ist [15].

Der renommierte Trainer Anthony Robbins schreibt in „Das Robbins Power Prinzip", dass der aktive Wortschatz eines durchschnittlichen Menschen aus nicht mehr als 2000 bis 10.000 Wörtern besteht. Nach vorsichtigen Schätzungen umfasst aber die englische Sprache ungefähr eine halbe Million Begriffe, was bedeuten würde, dass wir in der Regel nur 0,5 bis maximal 2 % der Sprache benutzen. Er fragt sich, wie viele dieser Wörter wohl unsere Gefühle beschreiben werden? Robbins kam auf 3000 Begriffe, die in Zusammenhang mit menschlichen Gefühlsregungen stehen. Was verblüfft, ist das Verhältnis zwischen den Wörtern, die positive, und denen, die negative Emotionen beschreiben. Nach seiner Rechnung gibt es im Englischen 1051 Begriffe für positive Gefühle, und 2086 für negative. Für „Traurigkeit" fand er beispielsweise 264 Wörter, darunter: „verzagt", „grämlich", „niedergeschlagen", „verstimmt". Aber er konnte nur 105 Synonyme für „Fröhlichkeit" entdecken: „munter", „unbekümmert", „schwungvoll" und „lebhaft". Er wundert sich nicht, dass sich die Menschen häufiger schlecht als gut fühlen! Und folgert daraus, dass wenn wir unser Leben verändern und unser Schicksal selbst in die Hand nehmen wollen, wir die Wörter, die wir benutzen, bewusst wählen und ständig danach streben müssen, unsere Möglichkeiten zu erweitern [16].

4.3.4 Unklare Antworten

Kennen Sie Menschen, die sich um eine klare Antwort drücken? Menschen, die ständig um den Brei herumreden. Das ist garantiert ein sicheres Indiz für ein sehr schwach ausgeprägtes Selbstwertgefühl. Menschen, die sich ständig so verhalten, haben kein Vertrauen in sich selbst. Sie möchten sich nicht festlegen. Sie haben vielfach Angst, das Gegenüber zu verletzen oder zu verunglimpfen. Sie möchten so frei wie möglich sein, damit sie noch schnell wenden können, wenn sie das Gefühl überkommt, dass sie auf Ablehnung stoßen. Oder es handelt sich um opportunes Verhalten. Um so spät als möglich zu entscheiden und dann auf jeden Fall für sich das Beste herauszuholen. Unabhängig davon, welche Folgen das für ihr Umfeld hat. Manchmal auch zum Nachteil für ihre Freunde. Sie verhalten sich wie das berühmte Fähnlein im Wind, das so schnell eine Richtungsänderung nach einer anderen vornimmt, dass wir gar nicht richtig folgen können. Solche Menschen haben keine eigene Meinung. Und wenn sie eine haben, dann haben sie wenig Vertrauen in diese. Sie sind nicht standfest und fallen schnell um. Um das zu vermeiden, möchten sie klare Antworten vermeiden. Sie drücken sich davor, ein klares Statement abzugeben. Eine Meinung zu haben, dahinterzustehen.

> Menschen, die ständig um den Brei herumreden, haben meist wenig Vertrauen in sich selbst.

4.3.5 Toleranz

Auf Anhieb werden Sie sich denken, was hat denn bitte schön Toleranz mit Selbstvertrauen und Zeitmanagement zu tun? Ich muss gestehen, dass ich diesen Zusammenhang auch nicht sofort verstanden habe. Lassen Sie es mich Ihnen erklären. Beginnen wir mit vielleicht ein paar streitbaren Aussagen. Kurt Tucholsky schreibt: „Toleranz ist der Verdacht, dass der andere recht hat." Und Friedrich Nietzsche meint: „Toleranz ist ein Beweis des Misstrauens gegen ein eigenes Ideal." Wenn wir einmal tiefergehend über diese Zitate nachdenken, komme ich unmittelbar zum Schluss, dass zu viel Toleranz möglicherweise ein Zeichen von geringem Selbstbewusstsein ist. Oder anders ausgedrückt: Wer selbstbewusst ist, ist grundsätzlich weniger tolerant. Denn er glaubt ja, dass sein Weg ein guter ist. Zumindest für ihn selbst. Vielleicht hilft es, zum besseren Verständnis die Geschichte anzuschauen. Tolerieren stand in früheren Zeiten unter anderem auch für „ertragen". Das bedeutet, den anderen ertragen in seiner abweichenden Lebensform und in seinen abweichenden Werten. Diese ursprüngliche Bedeutung beinhaltet letztendlich eine Selbstüberhebung, frei nach dem Motto: Ich bin der Bessere und ich erlaube dir dein Anderssein. Oft wird der Begriff Toleranz heute mit „Respekt" gleichgesetzt.

> Wer selbstbewusst ist, ist grundsätzlich weniger tolerant.

Wer jetzt der Frage nachgeht, wieviel muss nun ein Mensch an Abweichung von seinen Werten ertragen, kommt vielleicht zu folgender Antwort: Unendliche Toleranz kann zerstörerisch wirken. Und demzufolge auch Selbstbewusstsein zerstören. Deshalb sollte Toleranz wohl auch eine Grenze haben. Wir sollten erkennen, dass Toleranz zwei Seiten hat. Wir können Toleranz nicht unendlich erweitern, ohne dass sie uns zerstört: unser Selbstbewusstsein, unsere Ziele, unsere Werte und damit auch uns selbst. Eine gewisse Intoleranz bedeutet deshalb, dass jemand selbstsicher ist, weil er sein Ziel und seine eigenen Werte kennt. Und weil er seine Zeit nicht verschwenden will mit endlosen Diskussionen über die Richtigkeit dieser Ziele und dieser Werte. Wir können aber auch nicht grenzenlos intolerant sein, weil wir dann sehr einsam wären oder werden. Das kann letzlich bis zum Starrsinn reichen. Und auch diese Extreme ist vermutlich nicht von Vorteil [17].

4.3.6 Körpersprache

Menschen mit einem positiven Selbstwertgefühl neigen dazu, eine aufrechte und offene Körperhaltung zu zeigen. Sie stehen gerade, haben einen aufrechten Blick und strahlen Selbstbewusstsein aus. Im Gegensatz dazu könnten Personen mit geringem Selbstwertgefühl dazu neigen, sich kleiner zu machen, sich zu verstecken oder eine defensive Körperhaltung einzunehmen. Selbstbewusste Menschen neigen dazu, klare und selbstbewusste Gesten zu verwenden. Sie sprechen möglicherweise mit offenen Handbewegungen und unterstreichen ihre Worte durch gezielte Gestik. Personen mit geringem Selbstwertgefühl könnten dazu neigen, zurückhaltender in ihrer Gestikulation zu sein oder ihre Arme zu verschränken, um sich zu schützen. Manchmal möchten wir vor anderen unsere scheinbaren körperlichen Mängel verstecken. Geradezu unbewusst verhalten wir uns in der Folge so, dass wir erst recht darauf hinweisen und unsere Schwachstelle zum Blickfang für andere wird. Es kommt sehr auf unser Selbstbild darauf an, ob wir imstande sind, selbstbewusste Gesten vorzunehmen oder eine selbstbewusste Haltung einzunehmen. Vor allem in jungen Jahren haben wir mit unserem scheinbar nicht perfekten Körper zu hadern. Was an unserem Körper können wir absolut nicht leiden? Was würden wir um jeden Preis anders haben wollen? Je mehr Schwachstellen wir empfinden, umso schwerer fällt es uns, selbstbewusst dazustehen. Grundsätzlich ist es so, dass wir eine ganz andere Ausstrahlung besitzen, wenn unser Selbstbewusstsein auf unseren Glauben an uns selbst fußt, als auf Bestätigungen von anderen.

> Vor allem in jungen Jahren haben wir mit unserem scheinbar nicht perfekten Körper zu hadern.

Das Rotwerden unseres Gesichtes ist auch ein Indikator, der ziemlich zuverlässig unsere Verlegenheit in einer speziellen Situation verdeutlicht. Ein angemessener und selbstbewusster Augenkontakt ist oft ein Indikator für ein gesundes Selbstwertgefühl. Selbstbewusste Menschen schauen anderen in die Augen, was Vertrauen und Offenheit signalisiert. Geringes Selbstwertgefühl kann sich in mangelndem Augenkontakt oder nervösen Blicken manifestieren. Pokerspieler versuchen manchmal, den Blickkontakt zu vermeiden oder gezielt zu steuern, um keine Hinweise auf ihre Kartenhand zu geben und ihre Emotionen nicht sichtbar zu machen.

4.3.7 Sozialer Umgang

Ich beginne mit einer wahren Geschichte, die Bernhard Bueb, ehemaliger Leiter der Internatsschule Schloss Salem, in seinem streitbaren Buch, „Lob der Disziplin", erzählt. Ein sechzehnjähriger Junge des Internats, der sich selbst im Wege stand, weil er fortwährend seine Freunde vor den Kopf stieß und auch sonst viel Unsinn produzierte, wurde zu ihm geschickt. In mehreren Gesprächen gewannen sie die gemeinsame Erkenntnis, dass der Junge nichts von sich hielt. Er glaubte nicht an sich selbst. Er erbrachte zwar zufriedenstellende Leistungen, besaß eine einnehmende Ausstrahlung und sah gut aus, weshalb er auch immer wieder Freundschaften schließen konnte, die aber nie lange hielten. Weil er nichts von sich selbst hielt, stellte er jeden neu gewonnenen Freund durch Provokationen dauernd auf die Probe, um Beweise der Freundschaft zu sammeln. Sein kleines Ich zehrte davon, aber nach einiger Zeit zerbrachen die Freundschaften, weil die Freunde sein Misstrauen und auch seine Eifersucht nicht aushielten. Der Junge sah in der Folge ein, dass die Ursache seines Verhaltens in seinem mangelnden Selbstvertrauen lag. Er erkannte darüber hinaus, wie sehr er unter diesem mangelnden Selbstwertgefühl litt, wie es ihn zu falschen Handlungen verführte und dass er neue Wege gehen musste, um das Leiden zu beenden. Dieser Wille, das Leiden zu beenden, war der erste Schritt, um seine missliche Lage zu ändern. Durch verschiedene Maßnahmen gelang es, allmählich sein Verhalten zu ändern. Besonders durch den Fokus auf und der Entwicklung seiner Leidenschaft, dem Basketball, wuchs sein Selbstvertrauen langsam, aber stetig. Das Selbstwertgefühl ist ein zartes Pflänzchen. Es muss gehegt und gepflegt werden, sonst kann es wieder welken [18].

Wer ständig ein unerschöpfliches Geltungsbedürfnis in der Gruppe hat, kann ein Anzeichen für ein geringes Selbstwertgefühl sein. Oder andere klein macht, um sich selbst besser zu fühlen und seine Unsicherheit zu kaschieren. Menschen, die emotionale oder körperliche Gewalt einsetzen, haben meist nur ein geringes Selbstbewusstsein. Es könnte sein, dass sie ihr Selbstwertgefühl bedroht sehen. Und deshalb das Selbstwertgefühl anderer Menschen attackieren und damit versuchen, ihre eigene Verletztheit zu überspielen [19]. Die Degradierung anderer könnte das Bedürfnis sein, das eigene Überlegenheitsgefühl zu stärken. Daher kommt vielleicht auch der Drang, andere permanent in irgendwelche Schubladen zu pressen. „Wir verübeln anderen ihr negatives Verhalten, rechnen ihnen aber ihr positives Verhalten nicht im selben Maß an", sagte der renommierte Psychologe Oscar Ybarra [20]. Wenn Sie jemand angreift und verletzt, halten Sie es nach Eleanor Roosevelt: „Niemand kann Sie dazu bringen, sich ohne Ihre Zustimmung minderwertig zu fühlen!"

> Wer andere kleinmacht, um sich besser zu fühlen, kann ein Anzeichen von geringem Selbstbewusstsein sein.

4.4 Die Macht der Bewusstseinsebenen

Dr. David R. Hawkins entwickelte die Idee von Bewusstseinsebenen, die er u. a. in seinem Werk „Heilung und Genesung" präsentierte. Er kategorisierte Bewusstsein in verschiedene Stufen, gemessen an der Skala von 1 bis 1000, wobei höhere Werte für höheres Bewusstsein stehen. Niedrige Bewusstseinsebenen, wie Schuld und Scham,

4 Hindernisse erkennen: Die Stolpersteine ...

zeichnen sich durch emotionale Belastungen und Begrenzungen aus. Höhere Ebenen, wie Liebe und Freude, repräsentieren expansives, positives und spirituell entwickeltes Bewusstsein. Hawkins' Arbeit basiert auf kinesiologischen Tests, um die Ebenen des Bewusstseins zu quantifizieren. Grundsätzlich führt Hopkins an, haben Bewusstseinsebenen unter einem Wert von 200 eine Negativspirale und führen nach unten. Bewusstseinsebenen ab einem Wert von 200 führen nach oben. Das bedeutet, dass ein Mensch, um sich positiv weiterzuentwickeln, auf jeden Fall die Ebene 200 erreichen sollte. Das ist die Ebene des Mutes. Ab dieser Ebene wird das Leben als solches unterstützt und genährt. Die Energiefelder werden ab diesem Wert viel wirkmächtiger [21].

Selbstbewusstsein ist laut Hawkins eng mit diesen Bewusstseinsebenen verbunden und spiegelt sich in der Wahrnehmung des eigenen Wertes und der Fähigkeit zur Selbstreflexion wider. Auf der Bewusstseinsskala werden Selbstzweifel und negative Selbstbilder in den niedrigeren Ebenen überwunden, während Selbstliebe und Selbstakzeptanz in den höheren Ebenen gedeihen. Hawkins betont, dass die „Wahl" höherer Bewusstseinsebenen zu einem erfüllteren Leben führen kann. Die Skala zeigt, dass verschiedene Emotionen und Haltungen eine direkte Auswirkung auf unser Selbstbewusstsein haben. Individuelle Verantwortung und Selbstreflexion sind Schlüsselelemente für die Steigerung des Selbstbewusstseins nach Hawkins. Die Skala dient als Werkzeug zur Selbsteinschätzung und persönlichen Entwicklung. Veränderungen im Selbstbewusstsein können Auswirkungen auf zwischenmenschliche Beziehungen, beruflichen Erfolg und die allgemeine Lebensqualität haben. Hawkins hebt die Bedeutung von Liebe als höchste Bewusstseinsebene hervor. Ab der Bewusstseinsebene 200 und höher findet eine Ausschüttung an Endorphinen statt, welche von Gefühlen des Glücks begleitet werden. Er warnt davor, in niedrigen Ebenen des Bewusstseins verhaftet zu bleiben. Unterhalb der Bewusstseinsebene von 200 findet man das Vorherrschen von Adrenalin und den Tier-instinkthaften Überlebensantworten. Insgesamt führt die Erhöhung des Bewusstseinsniveaus zu einem tieferen Verständnis des Selbst und zu einem erfüllteren Leben [22].

> Die Wahl höherer Bewusstseinsebenen kann zu einem erfüllteren Leben führen.

Es reicht sogar so weit, dass unsere Einstellung auch darüber entscheidet, wie alt wir möglicherweise werden. So stellte man fest, dass ältere Menschen mit einer positiven Einstellung zum Altern siebeneinhalb Jahre länger leben als Menschen mit einer negativen [23]. Mit den Kräften unseres Bewusstseins und auch unseres Selbstbewusstseins wie etwa Überzeugungen, Intentionen, Meditation oder Visionen, wirken wir ständig auf unseren Körper ein, bis in die Gene. Und das bedeutet: Nicht nur die vermeintlich unveränderlichen Gene bestimmen unsere Persönlichkeit, sondern auch außergenetische Faktoren, die wir selbst steuern können.

> Menschen mit einer positiven Einstellung zum Altern leben siebeneinhalb Jahre länger als Menschen mit einer negativen Einstellung.

Menschen, die keine klaren Antworten geben können, bewegen sich meistens unter dem Wert von 200 nach der Skala von Hopkins. Das sind Menschen, die herumeiern, sich drücken. Wenn ich keine klaren Ansagen machen kann, keine klaren Antworten habe, auch für mich selbst, dann kann ich kein optimales Zeitmanagement betreiben. Am Grunde der Skala befinden sich die Energiefelder

Scham und Schuld. Die Emotion, die diese Ebenen begleitet, ist der Selbsthass. Dieser Prozess ist selbstzerstörerisch. Die Sicht auf die Welt, sagt Hopkins, ist mit dem Energiefeld von Sünde und Leiden assoziiert [24].

Vera Birkenbihl sagt, wenn wir uns mehr als zwei Minuten ärgern, dann senken wir unsere Energie. Meisterhaft wäre, dass wir uns maximal 15 s ärgern, um keine unmittelbaren Auswirkungen auf unser Energielevel zu erleben. Wut und Ärger liegen übrigens auf einem Wert von 150 auf der Bewusstseinsskala [25].

Und der Psychologe Oscar Ybarra machte die Beobachtung, dass Menschen mit einem gesunden Selbstbewusstsein sehr viel eher bereit sind, anderen zu verzeihen [20]. Versöhnung zum Beispiel liegt auf der Bewusstseinsskala bei einem Wert von 350.

Literatur

1. Covey, Stephen R. (2023): Die sieben Wege zur Effektivität. Prinzipien für ein glückliches und erfülltes Privatleben, Seite 85 ff., 2. Auflage, Offenbach, Gabal Verlag.
2. Stahl, Stefanie (2023): Vortrag Greator. Deshalb besitzt du so ein schlechtes Selbstwertgefühl. https://www.youtube.com/watch?v=TwdKPIgnDSw&list=WL&index=24&t=1410s (aufgerufen am 04.12.2024).
3. Juul, Jesper (2012): Grenzen, Nähe, Respekt: Auf dem Weg zur kompetenten Eltern-Kind-Beziehung. Hamburg, Rowohlt Taschenbuch Verlag.
4. Messner, Reinhold (2023): Vortrag Greator: Zwischen Durchkommen, Umkommen & Lebenssinn, https://www.youtube.com/watch?v=SP-gpC-RwrM (aufgerufen am 04.12.2024).

5. Bregman, Rutger (2021): Im Grunde gut: Eine neue Geschichte der Menschheit. Seite, 115, 4. Auflage, Hamburg, Rowohlt Taschenbuch Verlag.
6. Bregman, Rutger (2021): Im Grunde gut: Eine neue Geschichte der Menschheit. 4. Auflage, Hamburg, Rowohlt Taschenbuch Verlag.
7. Bregman, Rutger (2021): Im Grunde gut: Eine neue Geschichte der Menschheit. Seite 26, 4. Auflage, Hamburg, Rowohlt Taschenbuch Verlag.
8. Schmiel, Rolf (2023): Psychohacks für ein glückliches Leben: 111 wirksame Tools gegen den Alltagswahnsinn. Seite 149ff, Hamburg, Edel Verlagsgruppe.
9. Klopp, Jürgen (2023): Interview mit @HotelMatze: Jürgen Klopp – Was treibt dich wirklich an? https://www.youtube.com/watch?v=33rPLGbs3Ls&list=WL&index=38 (aufgerufen am 06.06.2024).
10. Seligman, Martin (1991): Pessimisten küsst man nicht: Optimismus kann man lernen. München, Droemersche Verlagsanstalt.
11. Stahl, Stefanie (2023): Vortrag Greator. Deshalb besitzt du so ein schlechtes Selbstwertgefühl. Hochgeladen am 08.01.2023. https://www.youtube.com/watch?v=TwdKPIgnDSw&list=WL&index=24&t=1410s (aufgerufen am 04.12.2024).
12. Branson, Richard (2010): Geht nicht, gibt's nicht. So wurde Richard Branson zum Überflieger. Seine Erfolgstipps für Ihr (Berufs-)leben. 2. Auflage, Kulmbach: Börsenmedien AG
13. Borbonus, Renè (2022): Greator – Rhetorik: So überzeugst du mit deinen Worten. https://www.youtube.com/watch?v=3ZCo1fj7BlQ&t=1254s (aufgerufen am 04.12.2024).
14. Branson, Richard (2010): Geht nicht, gibt's nicht. So wurde Richard Branson zum Überflieger. Seine Erfolgstipps für Ihr (Berufs-)leben.Seite 245, 2. Auflage, Kulmbach: Börsenmedien AG.

15. Spitzbart, Michael (2024): Die „man" Krankheit. Instagram, hochgeladen von Michael Spitzbart, 06.02.24, https://www.instagram.com/p/C3AroVGtfU2/.
16. Robbins, Anthony (2018): Das Robbins Power Prinzip: Befreie die innere Kraft. Seite 225, 15. Auflage, Berlin, Ullstein Buchverlage GmbH.
17. Schäfer, Bodo (2024): Toleranz, Coachingbrief Nr. 171, Bergisch Gladbach, Bodo Schäfer Akademie GmbH.
18. Bueb, Bernhard (2006): Lob der Disziplin: Eine Streitschrift. 6. Auflage, Berlin, Ullstein Buchverlage GmbH.
19. Covey, Stephen R. (2022): Die 3. Alternative: Gemeinsam Konflikte klären, Probleme lösen & große Ziele erreichen. Seite 185, 3. Auflage, Offenbach, Gabal Verlag GmbH.
20. Covey, Stephen R. (2022): Die 3. Alternative: Gemeinsam Konflikte klären, Probleme lösen & große Ziele erreichen. Seite 54, 3. Auflage, Offenbach, Gabal Verlag GmbH.
21. Hawkins, David R. (2012): Heilung und Genesung. Bad Endorf, Sheema Medien Verlag.
22. Hawkins, David R. (2012): Heilung und Genesung. Seite 43, Bad Endorf, Sheema Medien Verlag.
23. Church, Dawson (2008): Die neue Medizin des Bewusstseins: Wie Sie mit Gedanken und Gefühlen Ihre Gene positiv beeinflussen können. 2. Auflage, Seite 59, Kirchzarten, VAK Verlags GmbH.
24. Hawkins, David R. (2012): Heilung und Genesung. Seite 35, Bad Endorf, Sheema Medien Verlag.
25. Birkenbihl, Vera (2022): So kann Sie niemand mehr ärgern! Selbstbestimmt leben – Nie wieder Opfer sein. https://www.youtube.com/watch?v=InZcPGKmy-8 (aufgerufen am 02.01.2025).

5

Selbstvertrauen aufbauen: Strategien für die Vergangenheit, Gegenwart und Zukunft

5.1 Unsere Vergangenheit

Nicht immer ist es vorteilhaft, in unserer Vergangenheit herumzustöbern. Vielfach ist es sogar besser, die Vergangenheit ruhen zu lassen, wie Sie sicher des Öfteren bereits gehört haben. In unserer Vergangenheit befinden sich mit Sicherheit viele Dinge, auf die wir nicht stolz sind. Und auch Dinge, die wir gerne anders machen würden, wenn wir das Rad der Zeit zurückdrehen könnten. Aber leider lässt sich das nicht. Was wir aber können, ist, ab heute zu versuchen, es besser zu machen. Noch besser als bisher. Und das ist das entscheidende Schlagwort: *Noch* besser! Das bedeutet, dass wir auch mit Sicherheit bereits Vieles richtig gemacht haben. Ich glaube ganz fest, dass es keinen Menschen gibt, der nur Käse macht. Nur ist es oft so, dass wir die positiven Seiten manchmal nicht sehen. Unser Selbstbewusstsein ist aber ganz stark abhängig von unseren positiven Dingen im Leben. Dinge und Erlebnisse, die uns gut gelungen sind. Die nur wir gemacht und erlebt haben. Wenn das nicht so wäre, dann hätten auch nicht wir sie erfahren. Und deshalb macht es Sinn, sich genau diese Dinge ins Bewusstsein zu holen. Immer wieder. Darum ist unsere Vergangenheit Gold wert, unsere Zukunft zu gestalten. Unsere Gegenwart anders zu erleben. Besser als ohne dieses Bewusstsein.

> Es macht Sinn, sich gelungene Dinge und positive Erfahrungen ins Bewusstsein zu holen.

Warum leben aber so viele Menschen wortwörtlich in der Vergangenheit? In vergangenen Dramen? Oder in irgendwelchen alten Auseinandersetzungen. Leider vergessen Sie, dass Ihre Vergangenheit nicht dafür da ist, darin zu leben, sondern daraus zu lernen. Sehen Sie: Wir lachen nicht zweimal über den gleichen Witz. Aber wie oft zerschießen wir uns unseren Tag, weil wir uns immer wieder irgendwelche negativen Dinge ins Bewusstsein bringen, die ein einziges Mal im gesamten Leben passiert sind?

5.1.1 Erinnerungen und Erlebnisse

Erinnerungen nehmen eine zentrale Rolle ein bei der Entwicklung unseres Selbstbewusstseins. Positive Erinnerungen an überwundene Herausforderungen können das Selbstvertrauen stärken und die Überzeugung fördern, dass wir mit Schwierigkeiten umgehen können. Negative Erinnerungen hingegen können auch Selbstzweifel und Unsicherheiten hervorrufen. Grundsätzlich neigen wir dazu, dass wir negative Dinge zehn Mal leichter wahrnehmen als positive Dinge. Zum Beispiel fällt uns viel schneller auf, wenn sich jemand danebenbenimmt, als wenn sich jemand zuvorkommend verhält. Diesen Effekt bezeichnen die US-Psychologen Tom Gilovich und Shai Davidai als „Gegenwind/Rückenwind-Asymmetrie". Bei einer Fahrradtour spüren wir den Gegenwind sofort, während Rückenwind uns kaum auffällt [1]. Leider ist es bei unserer Eigenwahrnehmung nicht anders. Wir erkennen sehr schnell unsere Unzulänglichkeiten und sind uns dieser deutlicher bewusst als unserer positiven Handlungen. Diese Tatsache bewirkt, dass wir uns generell mehr negative Ereignisse merken oder im Gedächtnis abspeichern. Dieses Phänomen hat evolutionäre Wurzeln und könnte dazu dienen, potenzielle Gefahren und Bedrohungen besser zu erkennen und darauf zu reagieren. Aber diesem Umstand können wir aktiv entgegenwirken. Wir können uns bewusst wieder Erfolgserlebnisse in Erinnerung rufen und somit auch gleichzeitig die Gefühle wieder herstellen, die wir in jener Situation erlebt haben. Wir werden uns verstärkt unser selbst bewusst. Und Gefühle sind immer Ausgangspunkt unserer Handlungen. Und in der Folge auch für unsere Erlebnisse verantwortlich. Je nachdem, was wir tun, so machen wir unsere Erfahrungen.

> Gegenwind spüren wir sofort, während Rückenwind uns kaum auffällt.

„Grübeln ist eine der mächtigsten Formen von mentaler Zeitreise", merkt Amishi in ihrem Buch „Peak Mind" an. Wir denken immer wieder über ein- und dasselbe nach und bleiben oft in einer Dauerschleife hängen: Wir durchleben die Ereignisse und wünschten oder stellen uns vor, sie wären anders verlaufen [2].

5.1.2 Unsere Heldentaten

Wissen Sie eigentlich, wie stark die Auswirkung eines Erfolges auf unser Selbstbewusstsein hat? Wie groß muss ein Erfolg sein, um überhaupt etwas zu bewirken? Bevor Sie anfangen zu grübeln, möchte ich Ihnen die überraschende Antwort bereits vorwegnehmen. Und die hat es in sich. Ich gebe zu, das hätte ich bei Weitem nicht gedacht. Es ist nämlich so: Unser Selbstbewusstsein reagiert bereits auf die kleinsten unserer Heldentaten. Und das kann zum Beispiel schon so was Banales wie das Grüßen einer fremden Person sein. Oder jemandem ein Lächeln zu schenken. Jetzt sind Sie mit Sicherheit überrascht. Das hätten Sie nicht geglaubt. Oder schütteln noch immer Ihren Kopf in Unglauben. Nein, das kann nicht sein. Aber jetzt kommt es. Wissenschaftler haben bereits seit Langem herausgefunden, dass unser Unterbewusstsein nicht maßgeblich unterscheidet, wie groß ein Erfolg ist, um unser Selbstvertrauen wachsen zu lassen. Nein, jeder Erfolg ist ähnlich viel wert. Es ist ungefähr so wie in einer Genossenschaft, wo jede Stimme ihrer Mitglieder gleich viel zählt, unabhängig wie viel Kapitalanteile jemand besitzt. Vielmehr wurde festgestellt, dass es vielmehr auf die Anzahl der Erfolge ankommt [3]. Also wie oft haben wir ein Erfolgserlebnis? Wie oft gelingt uns eine Heldentat? Wer hätte das gedacht? Das ergibt eine völlig neue Ausgangssituation: Wir müssen nur so viele Erfolgserlebnisse wie möglich sammeln, um noch mehr Selbstvertrauen zu gewinnen. Um noch eine stärkere Auswirkung zu haben, ist es vorteilhaft, sich unsere Heldentaten auch ins Bewusstsein zu rufen. Wer kennt nicht die Gesprächsrunden unter Freunden, wo wir stundenlang von unseren guten alten Zeiten schwärmen und den unglaublichen Geschichten, an die wir uns gerne zurückerinnern. Aber die wichtige Erkenntnis daraus ist, dass wir uns die Geschichten nicht gegenseitig erzählen müssen. Das Geheimnis ist, wir können sie uns auch alleine selbst erzählen. Und dann entstehen wieder die Bilder vor unserem inneren Auge, die wir in den Tiefen unseres Unterbewusstseins abgespeichert haben. Das verstärkt unser Selbstbewusstsein und in der Folge auch unser Selbstvertrauen, dass wir zukünftige Herausforderungen genauso erfolgreich meistern werden.

> Es kommt viel mehr auf die Anzahl als auf die Größe der Erfolge an.

5.1.3 Die Analyse

Professor Dr. Baldur Kirchner schreibt in einem Vortrag über die Notwendigkeit zur Selbstreflexion: „Die Beschäftigung mit der eigenen Persönlichkeit zeichnet den seelisch reifen Menschen aus. [...] Gewiss ist es seelisch anstrengend, sich auf den inneren Kreuzweg zu begeben und dabei mancher biographischen Ruine zu begegnen. Es bleibt uns aber kaum erspart, manches verdrängte, wenn auch schon verblasste Lebensbild zu entstauben, um ihm das aktuelle Tageslicht anzubieten, das zu einer neuen Einsicht, zu einer Neubewertung des Vergangenen führen kann [4]."

Es ist also eine hilfreiche Stütze, wenn wir über unsere Vergangenheit reflektieren. Konkret sollten wir darüber nachdenken, warum dies und jenes genauso passiert ist, wie es passiert ist. Sie könnten sich zum Beispiel nach einem erfolgreichen Fußballspiel fragen: „Was hat konkret dazu beigetragen, dass ich im vergangenen Spiel zwei Tore geschossen habe? Wie genau ist es dazu gekommen, dass ich Teil der Stammformation geworden bin? Was sind die Dinge, auf die es wirklich ankommt, um meine Ziele zu erreichen?" Gerne verzetteln wir uns dabei und lenken allzu leicht unsere Aufmerksamkeit auf belanglose Dinge. Auf Dinge, die nicht wirklich etwas zu unserem Erfolg beitragen. Sondern eine Folge davon sind. Und noch wichtiger: Viele Dinge sind manchmal außerhalb unseres Einflussbereiches.

> Gerne verzetteln wir uns und lenken unsere Aufmerksamkeit allzu leicht auf belanglose Dinge.

Die Selbstreflexion wird heute vielfach bereits in der Grundschule vermittelt. Schüler sollen im Vorab ihre Leistung einschätzen. Ich glaube, das erleichtert es ihnen, später auch die Vergangenheit besser einzuschätzen und zu interpretieren. Reflexion führt immer zu einem höheren Selbstbewusstsein.

Seneca empfiehlt bereits seinerzeit, den Tag Revue passieren zu lassen. Er meint, wir denken darüber nach, was wir tun werden, und auch das nur selten, während wir über das, was wir getan haben, gar nicht nachdenken, obwohl alle Pläne für die Zukunft von der Vergangenheit abhängen [5].

Richard Branson versucht in seinem weltweiten Firmenimperium Virgin unter anderem seine Mitarbeiter dazu zu bewegen, über sich nachzudenken und sich selbst in einem positiveren Licht zu sehen. Er glaubt fest daran, dass wir alle unsere innewohnenden Stärken haben, die es zu entdecken und nach außen zu tragen gilt [6].

5.1.4 Das Erfolgstagebuch

Warum fällt es uns Menschen so schwer, uns selbst zu loben? Schließlich wollen wir uns selbst in gewisser Weise auch vermarkten. Als Liebespartner, als Freund, als Mitarbeiter oder als Mitglied einer Gruppe. Ein Grund dafür könnte in den Heiligen Schriften der verschiedenen

Religionen liegen, die meist Demut und Bescheidenheit von den Menschen fordern. Sich selbst hintanzustellen, das galt als fromm. Noch heute halten viele Gläubige daran fest. Aber im Zweifel muss man sein eigener Dirigent sein, um deutlich zu machen, was man kann und wer man ist. Das Eigenlob hat noch einen weiteren positiven Effekt: Es stärkt unser Selbstwertgefühl. Denn es tut nicht nur gut, von anderen gelobt zu werden, sondern auch, wenn man es selbst tut [7]. Und Mike Hager sagt dazu sinngemäß: „Eigenlob stimmt!" in Anspielung auf den weit verbreiteten Glaubenssatz: „Eigenlob stinkt" [8].

> Eigenlob stärkt unser Selbstwertgefühl.

Um die positiven Effekte des Eigenlobes zu nutzen, dafür gibt es das Konzept des Tagebuchschreibens. Ich habe das bisher immer belächelt und als Kinderkram abgetan. Mittlerweile liegt das Tagebuchschreiben so im Trend, dass einem kaum berühmte Leute einfallen, die es nicht tun. Auch App-Anbieter haben heute eine reichliche Auswahl an sogenannten Journaling-Apps. Laut den meisten Experten ist das Notieren von Gedanken und Gefühlen ein wesentlicher Schlüssel zum Erfolg und kann sogar die Heilung von Krankheit unterstützen [9].

Seit ich mit dem täglichen Aufzeichnen von Erfolgen begonnen habe, hat sich bei mir Unglaubliches getan. Ich sehe die Welt unbewusst mit ganz anderen Augen. Noch viel mehr als ich selbst hat diese positive Wendung in meinem Leben mein persönliches Umfeld wahrgenommen. Ich könnte hier eine lange Liste anführen, welche kaum zu glaubenden Auswirkungen dieses Instrument auf meine persönliche Haltung und das Wahrnehmen von Situationen hat. Deshalb kann ich dazu nur sagen: Beginnen Sie einfach damit und schauen Sie selbst. Schreiben Sie jeden

Tag eine bestimmte Anzahl an Erfolgen auf. Legen Sie sich auf eine Anzahl fest und halten Sie diese Anzahl beharrlich ein. Ich muss präzisieren, dass es sich beim Erfolgstagebuch nicht um eine möglichst chronologische Wiedergabe des vergangenen Tages handelt, sondern vielmehr um das schriftliche Festhalten von Erfolgen in den zurückliegenden 24 Stunden. Dabei ist es wichtig, zu bestimmen, was als Erfolg gewertet werden kann: Im Grunde alles, was bei Ihnen und vielleicht auch bei anderen ein positives Gefühl hervorruft. Offensichtlich dabei sind jene Erfolge, wofür Sie gelobt worden sind oder ein Dankeschön kassiert haben. Mehr nachdenken müssen Sie vielleicht, wenn Sie kein unmittelbares Feedback für eine bestimmte Leistung oder Verhalten bekommen haben. Das könnte der Fall sein, wenn es von Ihnen und von Ihrem Umfeld als Selbstverständlichkeit angesehen wird. Einen weiteren Denkanstoß kann ich Ihnen geben, wenn Sie auf der „Suche" nach Ihren Erfolgen an alle Ihre Lebensbereiche denken. Sie dürfen Erfolge nie nur auf Ihre Arbeit oder Ihr berufliches Schaffen reduzieren. Der Mensch ist ein untrennbar Ganzes betonte bereits Mahatma Gandhi.

> Offensichtliche Erfolge sind jene, wofür Sie gelobt werden.

Ich fasse zusammen: Wer sein Tagebuch täglich mit positiven Geschehnissen füllt, und mögen sie noch so klein sein, wird schon nach kurzer Zeit glücklicher und zufriedener mit sich und seinem Leben sein. Dies ist mittlerweile bereits mehrfach durch wissenschaftliche Studien belegt [10]. Darüber hinaus hat es positive Auswirkungen auf Ihre Kreativität, Ihre seelische und körperliche Gesundheit und vermindert sogar Schlafstörungen. Und als wäre das noch nicht genug, wird es Ihnen noch viel leichter fallen, mit Rückschlägen besser umzugehen und Ihre Ziele zu erreichen.

5.2 Unsere Gegenwart

5.2.1 Aktivität

Sich selbst bewusst sein und sich selbst vertrauen ist, wie bereits mehrmals betont, kein statischer Zustand. Es handelt sich vielmehr um einen Prozess, um genau zu sein um einen Wachstumsprozess. Ein Prozess verlangt immer nach einer Aktivität. Er ist etwas Aktives. Einen Prozess müssen wir grundsätzlich immer wieder anstoßen und in Gang halten. Und genauso verhält es sich um den Prozess des Sich-Selbst-Vertrauens. Nur durch mein Aktiv-Sein kann ich Selbstvertrauen aufbauen. Auf den Punkt gebracht, indem ich etwas mache. Wenn ich passiv bin, dann beschleicht mich die Angst, dann beschleichen mich die Zweifel. Ich muss aktiv sein, dann bin ich mir sicherer, meiner selbst.

> Passivität fördert Angst und Zweifel.

Wenn wir nicht aktiv sind, dann sind wir entweder passiv oder eben reaktiv. Das kann bedeuten, dass wir die Ursache aller Probleme bei allen suchen, beim Vorgesetzen, beim Partner, bei den Eltern oder beim Staat, nur nicht bei uns selbst. Wir übernehmen keine Verantwortung für unser Leben. Wir lassen unseren Emotionen freien Lauf und reagieren auf Vorhaltungen, wie das Wort schon sagt, oft ungehalten. Inaktiv sein heißt auch, wir möchten körperliche Anstrengung um jeden Preis vermeiden und bloß nichts Neues dazulernen. Das sind die Wege des geringsten Widerstands. Und leider beschreiten wir die allzu gerne. Wenn das Wetter schlecht ist, fühlen sich reaktive Menschen schlecht. Wenn das Wetter gut ist, fühlen sie sich gut. Proaktiven Menschen hingegen, wie Stephen Covey sie bezeichnet, ist es völlig egal, ob es regnet oder die Sonne scheint. Ihr Antrieb sind ihre inneren Werte [11].

Seneca merkt dazu treffend an, dass auch getragen (auf der Sänfte) zu werden äußerst anstrengend sein kann. Denn das ist eigentlich unnatürlich, weil wir Beine zum Laufen haben. Und das hat dann vielmals zur Folge, dass eine Vorliebe für Bequemlichkeit uns zur Strafe Schwäche auferlegt. Was wir lange Zeit nicht tun wollen, können wir irgendwann nicht mehr [12].

> Bequemlichkeit legt uns zur Strafe Schwäche auf.

Es muss uns klar sein, dass wir einen netten Nebeneffekt haben, wenn wir aktiv sind: Wir sind viel zu beschäftigt, um unglücklich zu sein oder an uns zu zweifeln. Wenn Sie am Morgen vielleicht wieder einmal nicht leicht aus dem Bett kommen, dann sagen Sie sich im Sinne von Marc Aurel, Sie sind erwacht, um sich zu betätigen. Dazu sind wir geboren! „Oder sind Sie dazu geschaffen, in den Federn liegend sich zu pflegen?"[13]

Eine wichtige Quelle für unser Selbstwertgefühl ist unsere Arbeit. Wenn wir kreativ sein und etwas bewirken können, gibt uns das eine hohe innere Sicherheit [14]. Mir ist bereits bei meinen ersten Arbeitserfahrungen aufgefallen, dass nicht jede Tätigkeit unser Selbstvertrauen gleich stark fördert. Während meiner Studienzeit habe ich oftmals als Handwerker gearbeitet. Daraus zog ich immer sehr viel mehr Selbstvertrauen als später mit der Erledigung von Büroarbeit. Da habe ich deutlich weniger Zufriedenheit gespürt. Ich erkläre mir das heute so: Wenn ich etwas Konkretes schaffen kann, ein messbares Ergebnis habe, dann gibt mir das Genugtuung und Zufriedenheit, eine wahre Quelle des Selbstbewusstseins. Als Büroangestellter erhalte ich nicht unmittelbar und manchmal auch keine konkrete Rückmeldung für meine Leistung zum Beispiel in Form von Lob und Anerkennung.

5.2.2 Leben besteht aus Anstrengung

„Was hast du dagegen, dich anzustrengen?". Der bekannte Psychologe und Universitätsprofessor Friedrich Schulz von Thun wurde von seiner Lehrerin genau das gefragt, als er auf die Bitte, das Studium an der Uni lebendiger, praxisorientierter und menschlicher zu gestalten, lustlos abwinkte. Im Hinterkopf die endlosen Sitzungen in Gremien, die Widerstände, die Finanzierungsprobleme und und und. „Ihr glaubt ja nicht, wie anstrengend und zermürbend das ist!" – waren seine spontanen Gedanken. Und dann kam genau diese Frage: „Was hast du dagegen, dich anzustrengen?". Der Satz war schlussendlich folgenreich und er hat sich der Herausforderung angenommen. Seine Erfahrungen aus dieser Geschichte hat er wie folgt in einem Satz zusammengefasst: „Es tut gut, auch mal ein etwas dickeres Brett zu bohren – gut für die anderen (Studierenden) und gut für die eigene Seele [15]."

Richard Branson arbeitet einfach hart und hat immer daran geglaubt, dass er es schafft. Er ist der Meinung, dass Arbeit auch mit Spaß verbunden werden sollte. Dass man sich damit wohlfühlen und sich beim Arbeiten nicht Sorgen machen oder stressen lassen sollte [6].

Anstrengung wird oft mit Schmerzen in Verbindung gebracht. „Ich liebe den Schmerz, der mich zum Champion macht" soll das Credo von Arnold Schwarzenegger gewesen sein. Dem kann ich heute vieles abgewinnen. Für mich persönlich war Schmerz lange Zeit sehr negativ behaftet. Ich hatte in jungen Jahren mehrmals starke, andauernde körperliche Schmerzen. Ich begab mich in der Folge immer wieder in die Opferrolle. Bis ich irgendwann eine andere Perspektive eingenommen habe. Ich habe heute einen anderen, hilfreichen Zugang zu dem Thema gefunden. Schmerz fühlt sich zwar auch für mich weiterhin schmerzhaft an, aber ich weiß, dass er ein Signal ist, das mir zeigt, dass mein bisheriges Verhalten noch nicht optimal für meinen Körper ist. Ich weiß, ich muss jetzt etwas an meinem Verhalten ändern.

Vielleicht haben Sie schon einmal etwas vom Gesetz der Hormesi gehört. Der Begriff „Hormesis" stammt aus dem Griechischen und bedeutet so viel wie „anregen" oder „antreiben". Dieses Prinzip bestätigt auf biologischer Ebene, dass uns Anstrengung zum Beispiel in Form von Stress stärker macht. Im Grunde besagt dieses Gesetz, dass eine kleine Menge einer potenziell schädlichen Substanz oder ein bisschen Stress dem Körper helfen kann, stärker und widerstandsfähiger zu werden. Achtung: Wenn man jedoch zu viel davon bekommt, wird es schädlich. Es zeigt sich ein U-förmiger Zusammenhang: Kleine Mengen sind nützlich, große Mengen sind schädlich.

5.2.3 Neue Fähigkeiten aneignen

Bodo Schäfer vergleicht die Wichtigkeit des Lernens mit dem Ackerbau: „Wer alles verzehrt, was er geerntet hat, der hat nichts mehr zum Säen. Soll heißen: Wer seine Zeit ausschließlich für seine heutigen Aufgaben einsetzt, der kann nicht gleichzeitig an seiner Zukunft arbeiten. Ein solcher Mensch hat nichts mehr übrig, um ein besseres Leben zu säen." Und weiter: „Der selbstbewusste Mensch denkt an die Zukunft, weil er an sie glaubt, und der Mensch mit wenig Selbstbewusstsein nur an die Gegenwart, weil er nicht an seine Zukunft glaubt." Je nachdem, wie viel Zeit wir zum Lernen nutzen, gestaltet sich unsere Zukunft. Und je mehr Zeit wir dafür investieren, umso schöner ist unser Leben. Umso größer unsere Persönlichkeit und unser Selbstbewusstsein. Wir bauen unsere Zukunft hauptsächlich aus dem, was wir heute lernen. Reinhold Messner beschreibt das Dilemma treffend: „Der Mensch kann alles, was er will. Aber ein normaler Mensch will nur, was er kann [16]."

> Je mehr Zeit wir zum Lernen nutzen, umso schöner ist unser Leben.

Wir müssen verstehen, dass das menschliche Gehirn eine unglaubliche Neuroplastizität besitzt, das heißt, es kann sich selbst umgestalten oder neu organisieren, je nach dem Input, den es bekommt, und den Prozessen, mit denen es regelmäßig zu tun hat. Ein Beispiel: In London, einer alten Stadt mit einem komplexen, schwindelerregenden Straßennetz, führten Forscher eine Studie durch, bei der sie die Gehirne von Busfahrern mit jenen von Taxifahrern verglichen. Sie stellten fest, dass der Hippocampus bei den Taxifahrern deutlich größer war als bei den Busfahrern. Sie hatten doch fast denselben Job möchte man meinen? Fakt ist aber: Während die Busfahrer aber nur eine Route lernten, mussten die Taxifahrer immer den gesamten Stadtplan im Kopf haben und flexibel abrufen [17].

Eine absolut notwendige Voraussetzung für das Lernen ist es, wenn wir uns erlauben, Fehler machen zu dürfen. Das ist die Basis, um überhaupt mit dem Aneignen von neuen Fähigkeiten beginnen zu können. Gestatten Sie sich, hin und wieder einen Fehler machen zu dürfen. Fehler sind in diesem Sinne absolut wichtig, um unsere eigene Entwicklung in Gang zu halten. Manchmal aber stehen nicht nur wir selbst uns im Weg. Sie kennen bestimmt jemanden von diesen sogenannten Helikoptereltern. Sie sind pausenlos damit beschäftigt, jede Bodenschwelle für die Kinder aus dem Weg zu räumen und jedes denkbare Problem völlig außer Sichtweite des Kindes zu schaffen. Und damit erweist man den Kindern einen Bärendienst. Denn wer nie lernt, an Herausforderungen oder auch Gefahren zu wachsen, wird sich zu keiner starken Persönlichkeit entwickeln. Es gibt natürlich einige Dinge, die funktionieren für Sie und Ihr Leben. Verändern Sie diese Dinge nicht, solange Sie es nicht wollen. Lassen Sie sich nicht von der Zeit vorschreiben, wie Sie sich zu verhalten haben. Aber lassen Sie auch nicht außer Acht, dass es neue Dinge gibt, die unser Leben besser machen können [18].

Und Seneca empfahl bereits seinerzeit, sich mit Menschen zu umgeben, die uns helfen können, besser zu werden. Gleichzeitig sollten wir auch andere Menschen verbessern. Das erfolgt gegenseitig. Er meint, wenn wir lehren, dann lernen wir [19].

> Wir sollten uns mit Menschen umgeben, die uns besser machen können.

Wenn wir uns neue Fähigkeiten aneignen wollen, denken wir unweigerlich auch an Schule. Leider verbinden viele Lernen in der Schule nicht unmittelbar mit Freude. Dies hat vielschichtige Gründe, auf die ich hier nicht näher eingehen möchte. Mit Sicherheit ist es aber so, dass sich grundsätzlich Eltern und Lehrer auf der ganzen Welt bemühen, den Kindern die bestmöglichen Chancen zu bieten. Dabei stoßen sie hier allzu oft an ihre Grenzen. Stephen R. Covey antwortete einst dem Präsidenten der Vereinigten Staaten auf die Frage, worin er die wichtigste Aufgabe des amerikanischen Bildungs- und Erziehungssystems sieht: „Partnerschaften zwischen Lehrern, Eltern und der Gesellschaft bilden, um in jedem Kind die Fähigkeit zu wecken, ein selbstbestimmtes und unabhängiges Leben zu führen." Das käme einem fundamentalen Wandel und nicht nur einer oberflächlichen Korrektur des Bildungswesens gleich. Es muss sich dabei nicht einmal zwingend der Lehrplan ändern. Wichtig ist es vor allem, dass den Kindern von der ersten bis zur letzten Stunde vermittelt wird, dass sie „Führungskräfte" in ihrem Leben sind. Tag für Tag sollen sie erfahren, dass sie ganz besondere Talente haben und dass sie in dieser Welt etwas bewegen können. Die persönliche Weiterentwicklung und ihr Selbstbewusstsein sollten im Vordergrund stehen. Und schulische Spitzenleistungen ein Nebenprodukt sein [20].

5.2.4 Die Macht der Pausen

Der renommierte amerikanische Psychologe und Pionier im Bereich Psychobiologie, Ernest Rossi, schreibt in seinem Buch „20 min Pause", dass jeder Mensch ultradianen Rhythmen unterliegt [21]. Diese finden nicht nur in der Nacht während des Schlafens statt, sondern auch in der wachen Zeit. Das bedeutet nichts anderes, als dass wir auch bei Tag ständig Leistungshochs und Leistungstiefs ausgesetzt sind. Im Schnitt findet dieser Rhythmus alle 90 bis 120 min statt. Vor allem hohen Stress ausgesetzte Menschen sollten diese Leistungsschwankungen als Signal zur kurzen Pause wahrnehmen. Laut Ernest Rossi war es von der Natur nicht vorgesehen, dass das Säugetier Mensch ständig mit einem hohen Pegel an Stresshormonen lebt. Eine Zeit lang können wir das wohl aushalten, aber wenn der Stress chronisch wird, fügen wir uns selbst Schaden zu. Stress nimmt uns Kraft und überflutet den Körper mit Erschöpfungstoxinen, die zahlreiche Störungen auslösen. Unter anderem führt die Vernachlässigung von Pausen zu körperlicher und seelischer Erschöpfung und dies nagt in der Folge schwer an unserem Selbstbewusstsein. Wenn wir uns dann zwingen weiterzuarbeiten, glaubt der Körper, es gäbe einen wichtigen Grund dafür und hilft uns, indem er zusätzliche Stress-Botenstoffe aussendet und die Regenerationsphase aufschiebt. So akkumuliert sich Stress und Erschöpfung und es entsteht ein Teufelskreis. Durch diese zusätzlichen Stresshormone haben wir das Gefühl, neue Kraft zu haben und machen uns wieder an die Arbeit. Wir fühlen uns wohl. Unsere Erschöpfung ist durch eine Vielzahl von natürlichen Opiaten betäubt.

> Die Vernachlässigung von Pausen führt zu körperlicher und seelischer Erschöpfung.

Das kann sogar so weit gehen, dass Sie von den eigenen Hormonen *high* werden. Wenn Menschen sich auf Dauer an das faszinierende Gefühl gewöhnen, können sie sogar süchtig danach werden. Arbeit unter großem Druck, kann Menschen veranlassen, zu Drogen zu greifen. Man kann das Problem der Sucht in unserer Gesellschaft in mancher Hinsicht als eine Reaktion auf den überwältigenden Stress betrachten. Dieses Paradox, dass Sie eigentlich eine Pause benötigen, aber trotzdem weiterarbeiten und in der Folge nach außen hin leistungsfähig bleiben, ist in unserer urbanen Leistungsgesellschaft und der großen Bedeutung sichtbaren Erfolgs weit verbreitet. Dabei stellt Ernest Rossi fest, dass Menschen, die außerordentlich leistungsmotiviert sind – dazu zählen u. a. Manager, Führungskräfte, Journalisten, Rechtsanwälte, Ärzte und Ingenieure – alle sogenannte Leistungsträger, oft ein geringes Selbstbewusstsein haben und sich für Versager halten. Durch das Missachten von nötigen Pausen versagen sie dann zwangsläufig bei einer Aufgabe. Das ist der Beweis für sie für ihre Schwäche oder Faulheit und zeigt ihnen, dass sie eben im entscheidenden Moment versagen [21].

In den Pausen erholt sich unser limbisches Gehirn und sortiert unsere gemachten Erfahrungen. Sozusagen werden sie geordnet und in unserem Erinnerungsspeicher abgelegt. Wenn wir uns an die Dinge, sagt Amishi, die wir erleben und die wir lernen, erinnern wollen, müssen wir den freien Fluss spontaner Gedanken zulassen. Wenn wir in unserem Alltag pausenlos die ganze Zeit beschäftigt sind, findet bei uns der Prozess der Konsolidierung nicht statt [22].

5.2.5 Im Hier und Jetzt

Wir kennen es alle. Das Leben rauscht manchmal an uns vorbei, dass wir gar nicht so richtig mitbekommen, was wir eigentlich so die ganze Zeit gemacht haben. Also schon, welche Tätigkeiten wir von unserer To-Do-Liste abgearbeitet haben. Aber nicht wirklich die Sinnhaftigkeit spüren. Es fühlt sich nicht so richtig stimmig an mit unserem Leben. Obwohl es manchmal scheint, als ob alles so richtig gut läuft. So wie es Wolf Küper erging. Als angehender Professor und erfolgreicher Forscher hatte er die Aussicht auf echt viel Kohle und ein *schönes* Leben. Es schien als die Chance seines Lebens, nur es dauerte leider noch etwas. Seine Frau machte ihm klar, das Leben ist doch schon da. Es muss nur eine Chance bekommen [23]. Wie die Geschichte dann weiterging, kennen Sie vielleicht, wenn Sie das Buch gelesen oder sich den Film dazu angeschaut haben. Die Familie Küper steigt aus dem uns bekannten westlichen Wohlstandsleben aus und geht für eine Million Minuten auf die Reise. Ohne ganz großen Plan. Mit dem Ziel, endlich wieder das Leben zu spüren, im Hier und im Jetzt zu sein. Das Leben zu leben, das sie sich irgendwann einmal erträumt hatten. Mit allen Schwierigkeiten, das dieses Experiment mit sich bringt. Aber es geht. Wenn wir nur wollen. Das hat uns diese Familie gezeigt.

> Das Leben ist schon da. Es muss nur eine Chance bekommen.

Um den Moment festzuhalten, ist es wichtig, dass wir nichts bereuen! Das Bereuen belastet einen und hält einen in der Vergangenheit fest. Wir alle tun Dinge, von denen wir uns wünschen, wir hätten sie nicht getan. Manchmal, wenn wir mitten in der Nacht aufwachen und nicht schlafen können, erscheinen sie uns als große Fehler, doch später, im Rückblick, stellt es sich heraus, dass sie klein sind. Das Bereuen zieht ein Schuldempfinden nach sich und kann einem schlaflose Nächte bereiten. Doch ist Bereuen, auch wenn wir Fehler gemacht haben, verlorene Mühe [6].

Das Problem ist, dass wir uns viel zu oft mit unseren Gedanken entweder in der Vergangenheit oder in der Zukunft befinden. Leider verpassen wir so unser augenblickliches Leben komplett. Um im Hier und Jetzt zu sein, müssen wir uns nicht unbedingt aufs Land oder ins Gebirge zurückziehen, stellte Marc Aurel schon früh fest. Es steht uns ja frei, zu jeglicher Stunde uns in uns selbst zurückzuziehen. Nirgends finden wir eine so friedliche und ungestörte Zuflucht als in der eigenen Seele [24].

5.2.6 Vertrauen in den Körper

Der Begriff Selbstvertrauen beinhaltet die zwei Worte „selbst" und „Vertrauen". Damit ist im Grunde gemeint, sich selbst zu vertrauen. Vertrauen in unsere Fähigkeiten. Vertrauen in unsere geistigen als auch unseren körperlichen Fähigkeiten. Niemand wird bereits mit vollem Vertrauen in unseren Körper geboren. Wir müssen es uns erst erkämpfen und erarbeiten durch unsere Erfahrungen vom Erlernen des Krabbelns bis hin zu den ersten Schritten in unserem Leben. Aber mit dem Erlernen des Gehens hört es noch lange nicht auf. Auch wenn wir im Erwachsenenalter nicht von Berufs wegen sportlich tätig sind, gilt weiterhin der Grundsatz der körperlichen Anstrengung. Wenn wir die Fähigkeit unseres Körpers steigern, anstrengende Dinge zu tun, werden die normalen Aktivitäten angenehmer und leichter. Wir werden viel mehr Energie haben. Diese Energie wird uns bei allem, was wir tun, Kraft geben. Es ist wichtig, sich gut um uns selbst und um unser körperliches Wohlbefinden zu kümmern. Das wirkt sich ungemein positiv auf unser Selbstbild und in der Folge auf unser Selbstvertrauen aus. Um unser Vertrauen in den Körper zu stärken, sollten wir ihn bereits trainieren, bevor ein Krisenfall eintritt. Das gilt für den Körper genauso wie für den Geist.

> Niemand wird bereits mit vollem Vertrauen in seinen Körper geboren.

Es war im Winter. Irgendwie fiel mir auf, dass ich schon wieder mit Durchfall auf der Toilette saß. Mich beschlich das Gefühl, dass das jetzt schon eine lange Zeit so ging. Mein Vater empfahl mir das Buch: „Kau dich gesund!" von Jürgen Schilling. Dort wird eindrucksvoll dargelegt, dass hastiges Essen dick und krank macht. Unter anderem auch darum, weil wir mit unserem gängigen Essverhalten deutlich zu viel zu uns nehmen. Der Magen ist überfüllt, bevor das Sättigungsgefühl eintritt. Schilling schlägt das Modell „Schmauen" vor: Die Verschmelzung von Schmecken und Kauen belohnt Sie mit der vollkommenen Verdauung und Assimilation und einer dauerhaften Stärkung der Immunkräfte. In der Folge werden Sie immer schlanker und gesünder und bleiben es auch [25]! Ich habe mir wertvolle Tipps geholt und auch umgesetzt. Durch solche

Erfahrungen wurde mir bewusst, wie wenig wir eigentlich zum (Über-)Leben benötigen. Wenn wir merken, wie wenig wir zum Leben brauchen, dann steigt unser Vertrauen in das Leben. Und das ist ein wunderbares Gefühl, mit etwas auskommen zu können, das einem niemand wegnehmen kann. Seneca predigte bereits, dem Körper nur so viel zu geben, dass es für sein gutes Wohlbefinden ausreicht [26]. Und gleichzeitig stellte er in einem Brief an seinen kranken Freund fest, er esse zwar wie ein Kranker, aber endlich so, wie ein Gesunder essen sollte [27].

Um Vertrauen in unseren Körper zu gewinnen und verlässlich Höchstleistungen abrufen zu können, empfiehlt uns die ehemalige Weltklasseathletin im Speerwurf, Steffi Nerius, die Anwendung von Ritualen oder etwas Gleichbleibendem. Zum Beispiel, indem Sie ein bestimmtes Kleidungsstück immer dann mitnehmen, wenn es um etwas Wichtiges geht. So ein Maskottchen oder ein kurzes Ritual können in Situationen großer nervlicher Belastung und Anspannung genau das Quantum zusätzlicher mentaler und emotionaler Sicherheit vermitteln, das dann für den Erfolg ausschlaggebend ist. Es geht dabei nicht um irgendwelche Kult-Handlungen, sondern einfach nur darum, sich durch diese kleinen Dinge an andere, positive Situationen zu erinnern und damit den Schwung aus diesen Situationen mit in die neue Aufgabe zu nehmen [28].

5.2.7 Soziale Verbindungen

Wie man Freunde gewinnt
Wenn andere Sie mögen, dann steigt Ihr Selbstvertrauen. Das wissen wir alle. Was können Sie nun machen, dass Sie besser ankommen bei anderen? Ohne dass Sie sich jetzt zu 100 % ändern müssen. Ohne dass Sie großartig aus der Komfortzone herauskommen müssen. Die Lösung liegt

ganz einfach in der Art, wie Sie Ihre Gespräche mit anderen führen. Ein Weltbestseller mit der Erstauflage aus dem Jahre 1936 trägt exakt den Titel: „Wie man Freunde gewinnt". Dieses Thema ist fast 100 Jahre später noch genauso aktuell wie damals und es gibt eine Unzahl an Büchern, die sich dem Thema der Kommunikation widmen. Die darin beschriebenen Methoden und Empfehlungen haben immer noch Gültigkeit und lassen sich heute noch genauso anwenden wie damals. Im Grunde beschreibt dieser Titel, wie wir richtig kommunizieren, um andere von uns zu überzeugen und gleichzeitig beliebt zu machen. Wir müssen wissen, dass alle Menschen einen unheimlich starken, natürlichen Trieb haben: Bedeutend zu sein! Wir wollen wichtig sein. Wir lechzen nach Anerkennung. Und diesem Fakt müssen wir beim Kommunizieren Rechnung tragen, wenn wir möchten, dass Menschen gerne mit uns sprechen. Der Autor Dale Carnegie ist sich sicher, wer sich für andere interessiert, gewinnt in zwei Monaten mehr Freunde als jemand, der versucht, die anderen für sich zu interessieren, in zwei Jahren [29].

> Wir sehnen uns alle nach Anerkennung.

Recht haben oder gewinnen? Als Heranwachsender liebte ich es, mich in Debatten zu profilieren. Ich habe eine besondere Fähigkeit zum sachlichen Argumentieren. Und wie das so ist beim Debattieren, läuft es auf einen Gewinner und einen Verlierer hinaus. Mein Charakter ist grundsätzlich stark kognitiv ausgeprägt. Das hilft mir, wirklich in fast jeder Situation schlagkräftige Argumente zu finden, um mein Gegenüber in die Enge zu treiben. Und als es dann zum Showdown kam, habe ich auch manchmal, wenn nötig, zu rhetorischen Mitteln unterhalb der Gürtellinie gegriffen. Und habe meinen Diskussionspartner bloßgestellt. Gekränkt. Ich habe mich als Sieger gefühlt. Und genau in dem Moment entstand in mir eine Leere. Ich war zwar der rationale, logische Bezwinger, aber mein Gegenüber hatte die Sympathien auf seiner Seite. Es war der emotionale Sieger. Und das habe ich sehr lange Zeit nicht verstanden.

Selbst wenn wir recht haben und sich der andere eindeutig im Irrtum befindet, zerstören wir nur sein Selbstbewusstsein, wenn wir ihn bloßstellen. Der legendäre französische Flugpionier Antoine de Saint-Exupéry schrieb einmal: „Wir haben nicht das Recht, etwas zu sagen oder zu tun, das den anderen in seinen eigenen Augen erniedrigt. Wichtig ist nicht, was wir von ihm denken, sondern was er von sich denkt. Einen Menschen in seiner Würde zu verletzen ist ein Verbrechen [30]." Recht haben bekommt eben meistens nur den zweiten Platz.

> Wenn wir jemand bloßstellen, zerstören wir sein Selbstbewusstsein.

Andere unterstützen Wenn wir anderen Menschen helfen, dann bereitet uns das Freude. Umso größer ist unser Empfinden, je nötiger diese Menschen unsere Hilfe haben. Dabei können wir mit ganz unterschiedlichen Dingen andere unterstützen. Es geht dabei nicht immer nur um finanzielle Unterstützung. Oft sind es ganz einfache Gesten der Aufmerksamkeit oder andere für uns klein erscheinende Dinge. Diese Sachen sind für den anderen manchmal von unvorstellbar großem Wert. Indem wir geben, werden wir uns bewusst, wie gut es uns im Vergleich zu den Beschenkten geht. Das tut unserem Selbstbewusstsein unglaublich gut. Wir wissen unsere Situation mehr zu schätzen. Bodo Schäfer hält in seinen sechs Prinzipien zum Erreichen von Wohlstand fest: Spenden Sie durchgehend mindestens 5 % von Ihrem Einkommen! Er ist felsenfest überzeugt davon, dass diese Vorgehensweise Sie indirekt zu mehr finanziellem und persönlichem Wohlstand führt [31].

Dabei geht das Unterstützen noch über das Normale helfen hinaus. Stellen Sie sich vor, Sie sind gerade in einer verzwickten und ausweglosen Verhandlung. Keiner von beiden Verhandlungspartnern möchte ein Stück weit nachgeben. Leider liegt in solchen Situationen laut Stephen Covey oft eine Win-Lose-Weltanschauung zugrunde. Sie sehen viele ihrer beruflichen und privaten Begegnungen als Wettbewerb, bei dem sie die andere Person im Kampf um das größere Stück vom Kuchen ausstechen müssen. Der größte Nachteil der „Win-Lose"-Mentalität ist nämlich, dass bei einem frontalen Zusammenstoß eigensinniger Absichten am Ende ein „Lose-Lose"-Szenario herauskommt. Beide Seiten verlieren. Mit einer „Win–Win"-Mentalität hingegen können Sie viele nachhaltige und positive Beziehungen aufbauen und andere unterstützen. Jede Interaktion stärkt das gegenseitige Vertrauen, statt es hinterhältig auszuhöhlen. Wenn Sie einem Kunden zum Beispiel einen Deal vorschlagen, der beiden Seiten gerecht wird, wird sich der Kunde fair behandelt fühlen. Er wird eher an Ihrer Geschäftsbeziehung festhalten und Ihnen nachhaltige Profite bescheren. Natürlich brauchen Sie Geduld und Fingerspitzengefühl, um für alle Seiten die beste Lösung zu finden. Doch die Belohnung sind nachhaltige, positive Vertrauensverhältnisse, von denen alle Seiten auf lange Sicht um ein Vielfaches mehr profitieren [32].

5.2.8 Fokus

Wenn die Aufmerksamkeit nachlässt und die Gedanken abschweifen, entgehen einem oft wichtige Informationen. Das gilt auch für entscheidende Momente. Gerade in längeren Meetings, Verhandlungen oder Unterhaltungen fällt es oftmals schwer, die Konzentration durchgehend aufrechtzuerhalten. Wie aber lässt sich das Gehirn dahingehend trainieren, dass es bei der Sache bleibt? Was ist Aufmerksamkeit überhaupt genau? Es hat die Aufgabe, eines der größten Probleme des Gehirns zu lösen: Es gibt viel zu viele Informationen, als dass das Gehirn sie alle verarbeiten könnte. Um eine Überlastung zu vermeiden, nutzt das Gehirn die Aufmerksamkeit, um vor allem Ablenkungen, die permanent an die Oberfläche Ihres Bewusstseins steigen, herauszufiltern. Es ist wichtig zu wissen, dass Aufmerksamkeit trainiert werden kann. Amishi rät, dass es vorteilhafter ist, unsere Aufmerksamkeit zu trainieren als zu versuchen, die Attacken auf unsere Aufmerksamkeit besser abzuwehren. Und dafür schlägt sie diese eine Formel vor: „Richten Sie Ihre Aufmerksamkeit auf Ihre Aufmerksamkeit [33]." Es ist wichtig zu verstehen, dass Aufmerksamkeit und Konzentration nur über einen begrenzten Zeitraum aufrechterhalten werden können. Hauptgrund dafür sind gedankliche Zeitreisen. Das tun wir eigentlich ununterbrochen und im Stress noch viel mehr. Um nun unsere Aufmerksamkeitsleistung zu verbessern, gibt es vor allem ein Gehirntrainingstool, nämlich das Achtsamkeitstraining.

> Richten Sie Ihre Aufmerksamkeit auf Ihre Aufmerksamkeit.

Das Aufmerksamkeitssystem ist die ganze Zeit damit beschäftigt, bestimmte Dinge zu beleuchten und andere auszublenden. Im Grunde ist es mehr als sich zu konzentrieren: Flutlicht und Scheinwerfer zugleich. Warum aber versagt unsere Aufmerksamkeit manchmal? Amishi behauptet, wenn Sie so sind, wie die meisten von uns, dann sind die Hauptverursacher Ihrer Ablenkungen Ihre eigenen Gedanken. Also: Selbst wenn es Ihnen gelingt, potenzielle externe Ablenkungen zu eliminieren, wie zum Beispiel das Handy stummzuschalten, es wird immer noch etwas geben, das hochkommt: eine Sorge, ein Bedauern, ein Wunsch, ein Plan. Im Grunde immer dann, wenn die Gedanken umherschweifen und Arbeitsgedächtnis und Aufmerksamkeit nach innen gerichtet sind. Das Arbeitsgedächtnis ist wie ein Whiteboard, wo regelmäßig Inhalte sich von selbst wieder löschen und nur kurzfristig vorhanden bleiben. Dieser Vorgang ist deshalb so wichtig, dass Sie flexibel bleiben und auswählen können, worauf Sie sich *fokussieren* und was Sie behalten möchten. Je mehr Sie sich aber darin üben, zu beobachten, was im gegenwärtigen Moment passiert, desto weniger werden Sie in lange, unproduktive, nicht aufgabenbezogene mentale Zeitreisen verfallen [34].

> Um uns fokussieren zu können, werden Inhalte automatisch aus unserem Arbeitsgedächtnis gelöscht.

Amishi führt in ihrem Buch folgende tragische Geschichte an: „Es war im Jahr 2002, auf dem Höhepunkt des Afghanistan-Krieges, und ein amerikanischer Soldat benutzte ein GPS-System, um eine 2000-Pfund-Bombe an ihr beabsichtigtes Ziel zu steuern, einen Außenposten der Rebellen. Bei diesem System gab der Soldat am Boden die Koordinaten für den Luftangriff in ein mobiles GPS-Gerät ein, und dann traf die Bombe genau auf dieses angegebene Ziel. Doch vor dem Abwurf bemerkte der Soldat, dass die

Batterien in dem mobilen GPS fast leer waren, also nahm er sie heraus und ersetzte sie durch neue. Dann schickte er die angezeigten Koordinaten ab, um die Bombe zu aktivieren – und sie landete zu seinem Entsetzen auf seinem eigenen Bataillon. Was war passiert? Wenn in diesem GPS-System die Batterien ersetzt werden, startet das System neu und zeigt die Koordinaten des eigenen Standorts. Der Soldat, der das System bediente, wusste das – er war lange und ausführlich auf diese Vorgänge trainiert worden. Wenn man die Batterien wechselt, muss man die Zielkoordinaten erneut eingeben. Dieses Wissen befand sich in seinem Langzeitgedächtnis, er hatte es viele Male geübt. Doch aus irgendeinem Grund lud es sich nicht auf sein Arbeitsgedächtnis, als er es brauchte. Er sah die falschen Koordinaten und schickte sie ab. Viele Menschen starben an diesem Tag. Und zwar aufgrund eines Problems zwischen dem Langzeit- und dem Arbeitsgedächtnis eines einzigen Soldaten [35]." Amishi kann nur raten: „Wenn das Arbeitsgedächtnis durch stressbedingtes Abschweifen der Gedanken überfrachtet ist, kann es passieren, dass Wissen nicht an die Oberfläche kommt, wenn es am dringendsten gebraucht wird [35]."

Wir haben jetzt gesehen, wie schwierig es ist, Aufmerksamkeit unter schwierigen Umständen aufrecht zu erhalten. Und dass es unabdingbar ist, die Abläufe dahinter zu verstehen, um grundsätzlich unsere Aufmerksamkeitskapazität zu erhöhen. Jetzt stellt sich die Frage, auf was sollen wir unsere Aufmerksamkeit lenken, damit wir unser Selbstvertrauen erhöhen? Durch das Erfolgsjournal können wir bereits das verstärkte Bewusstwerden unserer Erfolge trainieren. Nun hilft es auch, die Konzentration und Aufmerksamkeit intensiver und häufiger auf unsere Stärken zu lenken. Der weltberühmte blinde Mount-Everest-Besteiger Andy Holzer versichert glaubhaft, dass die

Bergwelt viel dazu beigetragen hat, dass er sich trotz seines Handicaps immer weiterentwickeln konnte, dass sein Vertrauen in die eigenen Fähigkeiten immer größer wurde und er immer noch neugierig auf neue Herausforderungen ist [36]. Die Erfahrung zeigt, dass wir dazu neigen, dass wir uns im Gegenteil deutlich öfter um unsere Schwächen sorgen. Vor allem im schulischen Kontext kann ich das häufig beobachten, ich nehme mich da auch nicht aus. Vielleicht liegt es unter anderem daran, dass sich Schwächen viel leichter erkennen lassen im Gegensatz zu den Stärken. Stärken liegen manchmal mehr im Verborgenen, vielleicht auch weil der Betroffene gelernt hat, sich „anzupassen". Schwächen sind von Natur aus auffälliger, weil sie manchmal Probleme verursachen, die ins Auge springen. Darüber hinaus spielt eine kognitive Wahrnehmungsverzerrung eine entscheidende Rolle, dass wir Schwächen schneller erkennen. Vielfach werden Stärken auch als selbstverständlich angesehen. Egal aus welchem Grund, es hilft uns, wenn wir bewusst unsere Konzentration auf unsere Stärken lenken. Dafür müssen wir unsere Stärken erst kennen. Auf spontaner Nachfrage bin ich mir sicher, dass nicht jeder darüber Bescheid weiß. Auch die Gerechtigkeitsfalle könnte uns einen Streich spielen. Dabei gehe ich davon aus, dass es in der Evolution und in der Natur keine Gerechtigkeit gibt. Wer Ungerechtigkeit entschieden ablehnt, der darf sich selbst gar nicht so sehr auf seine Stärken konzentrieren, sonst werden diese noch größer und das wäre anderen gegenüber ungerecht. Wer „gerecht" sein will, hält sich unbewusst oftmals klein. Dieser Gedanke könnte übertrieben erscheinen, aber vergessen Sie nicht, dass solche Prozesse unbewusst ablaufen. Und es ist ja auch schließlich konsequent: Wer Gerechtigkeit in seinem Leben sehr hoch ansetzt, der will nicht zur Quelle der Ungerechtigkeit für andere werden [37].

> Es hilft uns, wenn wir bewusst unsere Konzentration auf unsere Stärken lenken.

5.2.9 Wahrnehmung

Sehende Menschen denken immer, Sehen sei das Aufnehmen von objektiver Realität in ihr Gehirn. Aber wieviel von dem, was wir Sehen nennen, kommt wirklich von außen und wie viel von innen? Nicht nur die Realität, sondern vor allem die Erwartung dessen, was zu sehen sein wird, leitet die Wahrnehmung. Sehen ist deshalb nur möglich, wenn wir wissen, was wir sehen werden. Normal müsste man meinen, dass ein Blinder, der nie etwas gesehen hat, keine inneren Bilder haben kann. Aber das ist laut Andy Holzer falsch, wie er aus eigener Erfahrung sagen kann [38].

Erst kürzlich fuhr meine Frau mit unserem Auto blindlings in einen Betonpfeiler. Irgendwie konnte sie sich es nicht erklären. Und mir auch nicht. Sie hatte ihn einfach nicht gesehen, obwohl sie beteuerte, die Augen offengehabt zu haben und nicht abgelenkt gewesen zu sein. Sie hatte ihn offensichtlich übersehen, denn der seitliche Aufschlag war wuchtig. Die Beule dementsprechend. Ihre einzige plausible Erklärung war, dass die da noch nie gestanden hatte. Es war praktisch unmittelbar vor einem Handelsgeschäft, wo sie nicht zum ersten Mal zum Einkaufen einparkte. Im Außenbereich war nach einem Umbau alles unverändert geblieben bis auf diese eine verdammte Säule. Es ist ein Beispiel dafür, dass wir bestimmte Bilder im Kopf fest eingespeichert haben. Und somit unsere Wahrnehmung deutlich heruntergefahren ist. Automatismen übernehmen unsere Handlungssteuerung. Ich nehme an, dass unsere Zentrale Energie sparen möchte. Und selten geht es dann eben daneben. In dem Falle haben wir eine ineffiziente Wahrnehmung.

Wir wissen alle, dass wir einer Wahrnehmungsverzerrung unterliegen. Wir haben alle eine andere Brille auf, durch die wir hindurchsehen. Und wir sehen im Grunde genau das, was unsere Brillengläser auch durchlassen. Wir haben so eine Art von Filtern, die uns konditionieren. Diese Filter sind durch das Heranwachsen entstanden und wurden durch viele Faktoren beeinflusst: Unseren Eltern, unseren Lehrern, unseren Verwandten, Trainern, unser Heimatdorf und vieles mehr. Je nachdem, welche Erfahrungen wir durch unser Handeln mit unserem Umfeld gemacht haben, wurden unsere Filter eingestellt. Und heute sehen wir genau das, was diese selbstgemachte Brille zulässt.

> Wir sehen im Grunde genau das, was unsere Brillengläser auch durchlassen.

Deshalb hilft es bei allen Herausforderungen dieser Welt, nun mal einen anderen Blickwinkel einzunehmen. Blöd ist, wenn man sich so unsicher fühlt, dass man zu sehr mit sich selbst beschäftigt ist. Man fragt sich ständig, wie sehe ich aus, wie wirke ich, was denken die anderen über mich, habe ich mich wieder danebenbenommen, habe ich was Doofes gesagt? Dadurch nimmt man sich automatisch viel zu wichtig! Doch meistens interessiert das die anderen nicht. Die sind mit ihren eigenen Schwächen beschäftigt. Das zu erkennen, kann schon ein ganz großer Durchbruch in unserem Leben sein. Um das jetzt wirksam zu umgehen, dass wir uns nicht ständig mit uns selbst beschäftigen, können wir uns einfach bewusst mehr für die Welt da draußen interessieren. Mich mehr für das Gegenüber interessieren. Zuhören, anstatt sich zu überlegen, wie die eigene Performance ist [39].

Als ich begonnen habe, immer öfter einen anderen Blickwinkel einzunehmen, habe ich mich mit der Zeit anders wahrgenommen. Es ist ein Prozess, der in Gang gesetzt wurde. Ich habe über mich selbst anders gedacht, obwohl ich nicht mehr Zeit mit dem Denken über mich selbst verbracht habe. Und heute nehme ich mich selbstbewusster wahr als noch vor einiger Zeit. Und das Beste: Auch mein Umfeld bemerkt die Veränderung unserer Persönlichkeit. Wir können unsere Entwicklung zusätzlich mit Äußerlichkeiten verstärken. Sie wissen zum Beispiel: Kleider machen Leute! Wer in einem passenden Outfit steckt, fühlt sich mit Sicherheit wohler darin. Wenn Sie in einem wunderschönen Sportoutfit Ihre ersten Joggingrunden drehen, haben Sie eine andere Körperspannung und fühlen sich dadurch auch selbstbewusster. Wer sich gelegentlich belohnt mit einer neuen Kleidung, der wird und wirkt selbstbewusster. Ein Experiment hat sogar gezeigt, dass Probanden, die beim Lösen von kniffligen Aufgaben, die eine hohe Aufmerksamkeit erforderten, einen Arztkittel trugen, besser abschnitten als die Teilnehmer ohne Kittel [40]. Unglaublich!

5.2.10 Neues Denken

Kennen Sie die Situationen, in denen Sie sich von einem Moment auf den anderen unwohl fühlen? In denen Sie sich fragen, was ist denn plötzlich mit mir los? Ich war doch eben noch so gut drauf. Sie können nicht verstehen, was passiert ist. Es hilft in diesen Momenten, sich zu fragen: „Was ist soeben geschehen, das dieses negative Gefühl in mir hochkommen ließ?". Sich etwas fragen bedeutet bereits, dass ich über meine Gefühle nachdenke. Und jetzt wissen Sie wahrscheinlich bereits: Meinen Gefühlen gehen immer bestimmte Gedanken voraus. Ein Gefühl entsteht nie aus dem Nichts. Sondern ich denke bestimmte Gedanken, meist unbewusst, die in der Folge meine gegenwärtigen Gefühle auslösen. Und wer bestimmt nun, was ich denke? Das ist die berühmte Frage: Kann ich meine Gedanken eigentlich steuern? Und wenn Sie sich bereits mit Persönlichkeitsentwicklung auseinandergesetzt haben, dann wissen Sie: Ja, das ist möglich! Wir können unsere Gedanken beeinflussen! Wenn auch schwer direkt, aber indirekt auf jeden Fall. Dazu hilft es, darüber Bescheid zu wissen, was unsere Gedanken vorwiegend beeinflusst. Sie haben die Antwort mit Sicherheit schon geahnt: Es sind unsere Glaubenssätze. Sie bilden den Rahmen, was an Gedanken für uns zugelassen wird. Ganz oft geht es bei unserem Denken um eine Bewertung eines Geschehens oder einer Situation. Wir bilden uns sozusagen eine Meinung über dies und jenes. Die sich aber im Grunde immer mit unseren Glaubenssätzen deckt. Und deshalb sind die größten Hebel, um unser Denken zu beeinflussen, das Bewusstwerden unserer Glaubenssätze. Das Hinterfragen, in welchem Rahmen wir uns derzeit bewegen.

> Ein Gefühl entsteht nie aus dem Nichts.

Einer meiner Glaubenssätze, die mich lange Zeit am meisten eingeschränkt haben im Zuge vom Kennenlernen neuer Dinge, war: „Ich kann das nie." Ohne vorher jemals ausprobiert zu haben. Irgendwann habe ich es jedoch geschafft, grundsätzlich bei neuen Herausforderungen folgende Herangehensweise an den Tag zu legen: „Ich kann das nicht". Das ist nun eine Feststellung, die der Wahrheit entspricht. Das gilt aber für jeden, der ein neues Projekt angeht. Der Vorteil gegenüber meinem vorherigen Glaubenssatz ist der, dass ich es prinzipiell offenlasse, ob ich die Fähigkeit vielleicht irgendwann erlerne, um der Herausforderung gewachsen zu sein. Währenddessen habe ich vorher ein Erlernen einer neuen Fähigkeit kategorisch ausgeschlossen. Und heute gehe ich noch einen Schritt weiter: Ich sage in solchen Situationen zu mir: „Ich kann das *noch* nicht." Das bedeutet im Grunde, ich kann das heute noch nicht, aber wenn ich will, dann lerne ich es. Diese Feststellung ist so viel selbstbewusster als früher. Ich bin mir heute bewusst, dass ich es noch nicht kann, aber ich bin mir auch bewusst, dass ich es bei Notwendigkeit lernen kann.

Ein weiterer, nicht vorteilhafter Glaubenssatz von mir war: „Ich werde nie selbstbewusst sein!" Bestätigung fand ich zusätzlich darin, indem ich das Selbstbewusstsein vor allem an Äußerlichkeiten festgemacht habe. Da ist es wahrlich schwierig, so „selbstbewusst" wie scheinbar andere zu werden. Und zudem möchte ich ja mir *selbst* und nicht den *anderen* bewusst werden.

Glaubenssätze sind im Grunde nie falsch oder richtig. Sie sind einfach manchmal nicht förderlich für unsere Ziele und engen unser Denken zu sehr ein. Um neue, kraftvolle und vor allem vorteilhafte Glaubenssätze anzunehmen, gibt es die Ihnen sicher bereits bekannte Technik der Affirmation. Sie kann als eine Vorstufe der Königsdisziplin, der ältesten Schule der Bewusstseinserweiterung, der Meditation, bezeichnet werden. Auf den Punkt gebracht sind Affirmationen Aussagen und Glaubenssätze, die unser Weltbild widerspiegeln. Damit geben wir dem Unterbewusstsein zu verstehen, wie wir die Welt im Großen und Ganzen sehen und denken. Wir programmieren unser Unterbewusstsein durch die ständige Wiederholung unserer Glaubenssätze. Wir können Affirmationen zudem visuell unterstützen, indem wir uns vor einen Spiegel stellen und uns tief in die Augen schauen. Vielleicht mag es Ihnen komisch vorkommen, da Sie es nicht gewohnt sind.

Halten Sie aber den Blick und sprechen Sie sich mit dem eigenen Namen an. Fügen Sie anschließend Ihren Affirmationstext hinzu. Vorzugsweise empfehle ich, solche Übungen alleine durchzuführen. Beachten Sie auch, dass Sie Ihre Affirmationen besser als Prozess formulieren und damit glaubhafter sind als vielleicht eine unwahre Aussage.

5.3 Unsere Zukunft

Früher habe ich nie gerne an die Zukunft gedacht. Und deshalb habe ich mich auch persönlich nie mit Planung auseinandergesetzt. Planung hatte für mich immer etwas Schreckhaftes an sich. Ich setzte einen Plan einer Einschränkung meiner Freiheit gleich. Erst Jahre später habe ich verstanden, dass Planung mir erst wirkliche Freiheit ermöglicht. Leider habe ich unter Freiheit lange Zeit nur die Freiheit *von* etwas, die Ungebundenheit verstanden. Altbundespräsident Joachim Gauck schreibt in seinem Plädoyer „Freiheit", dass wir in jungen Jahren bereits ahnen und wollen, was Freiheit ist. Wir spüren die tiefe Sehnsucht danach, ungebunden zu sein, nicht kommandiert zu werden [41]. Wirkliche Freiheit ist aber die Freiheit für etwas und zu etwas, die Gestaltung von Freiheit. Gauck bezeichnet diese Freiheit als Verantwortung. In dieser Verantwortungsfähigkeit steckt ein Versprechen, das dem Einzelnen wie dieser ganzen Welt gilt: Wir sind nicht zum Scheitern verurteilt. Er schreibt weiter, dass wenn wir unserer Fähigkeit zur Verantwortung nicht zu folgen vermögen, wir uns selbst verlieren. Um unsere Freiheit in diesem Sinne leben zu können, ist eine gedankliche Vorwegnahme unserer Zukunft unausweichlich.

> Planung schränkt nicht ein. Planung ermöglicht wirkliche Freiheit.

Voraussetzung, um zu planen, ist, zu wissen, was möchte ich denn überhaupt? Was will ich? Welches Ziel habe ich? Das impliziert, ich muss wissen, wohin ich möchte. Haben wir uns bereits einmal überlegt, welches Ziel wir haben? Für was wir im Leben angetreten sind? Für was wir wirklich stehen? Haben wir einmal darüber nachgedacht? Leider wissen wir ganz oft gar nicht, was wir überhaupt wollen im Leben. Dieter Lange bezeichnet das in seinen Vorträgen als den Titel des Zielebuches, das wir haben. Ganz viele Führungskräfte kennen ihre verschiedenen Ziele und können diese auch aufzählen. Aber wenn sie alle Ziele zusammen irgendwie auf einen Nenner bringen müssen, also in einem einzigen Satz zusammenfassen, einen Titel ihrem Lebensbuch geben müssen, dann haben die meisten von ihnen große Schwierigkeiten und sind manchmal ratlos [42]. Und deshalb ist Planung so schwer für viele. Wenn ich davon ausgehe, dass das, was ich mir vornehme, auch in Erfüllung geht, dann habe ich es viel angenehmer. Dann habe ich es in der eigenen Hand. Viele erfolgreiche Menschen hatten ein Ziel vor Augen und haben es dann auch erreicht. Einige vielleicht auch nicht und sind auch ohne erfolgreich geworden. Der Unterschied ist aber der: Jene, die ein Ziel hatten, die zeigen einen Weg auf, wie man es schaffen kann. Was man dazu benötigt. Während die anderen das vielleicht nicht sagen können. Ich bevorzuge es, mein Leben selbst in die Hand zu nehmen. Ich habe mich bewusst dafür entschieden. Dieses Werkzeug gibt mir Selbstvertrauen. Das gibt mir Sicherheit. Sicherheit ist ein Bedürfnis, das jeder Mensch in sich trägt.

5.3.1 Nordstern

Es gibt nichts, was noch mehr Selbstvertrauen gibt, als zu wissen, wofür wir im Leben stehen. Welchen Nordstern wir haben. Für was wir im Leben angetreten sind. Nur wenn ich weiß, wohin es geht, dann kann mich wirklich nichts aufhalten. Der Begründer der analytischen Psychologie, Carl Gustav Jung, stellte bereits in den 1950er-Jahren fest, dass ungefähr ein Drittel seiner Patienten an keiner klinisch feststellbaren Neurose leidet, sondern an der Sinnlosigkeit und Leere ihres Lebens [43].

Jeder Mensch geht eigentlich von der Unklarheit in die Klarheit im Laufe seines Lebens. Wenn Sie noch nicht wissen, wer Sie sein oder was Sie machen möchten, dann verurteilen Sie sich nicht. Seien Sie geduldig mit sich. Es ist erstens nicht so einfach und zweitens brauchen manche dafür ein ganzes Leben. Aber es hilft, wenn Sie bei allem, was Sie tun möchten, schon am Anfang das Ende im Sinn haben. So tappen Sie nicht durchgehend in die Beschäftigungsfalle. Und handeln nicht gegen Ihre Werte und Prinzipien, die Ihnen am Herzen liegen. Jeder einzelne Tag ist dann ein wertvoller Beitrag zur Verwirklichung Ihrer Lebensvision. Und Viktor Frankl soll gesagt haben, dass wir die Berufung in unserem Leben eher entdecken als erfinden. Wir können ein persönliches Leitbild entwickeln, ein Ausdruck unserer Lebensvision und unserer Werte. Jeder hat im Leben seine eigene, spezielle Mission, die nur er erfüllen kann. Dafür gibt es keinen Ersatz. Auch lässt sich ein Leben nicht wiederholen. Die Aufgabe jedes Einzelnen ist so einzigartig wie seine persönlichen Fähigkeiten, um sie zu erfüllen [44].

Vielleicht kennen Sie den Weltbestseller „Das Cafe am Rande der Welt". Es handelt sich um eine Erzählung über den Sinn des Lebens. Der Autor John Strelecky schreibt, dass es manchmal nicht so sehr die besten Antworten sind, als vielmehr die richtigen Fragen, die uns im Leben weiterbringen. Dem Protagonisten John werden gleich drei solcher existenzieller Fragen auf der Rückseite einer Speisekarte gestellt: Warum bin ich hier? Habe ich Angst vor dem Tod? Führe ich ein erfülltes Leben? Diese drei magischen Fragen verändern im Laufe der Erzählung das Leben von John. Dabei erzählt ihm Casey, die Serviererin, diese passende Geschichte: Beim Tauchen auf Hawaii hatte sie einmal versucht, einer grünen Meeresschildkröte hinaus ins offene Meer zu folgen. Bald musste sie feststellen, dass sie trotz größter Anstrengung kaum mit dem Tier mithalten konnte. Schließlich gab sie auf, ließ sich einfach vom Wasser treiben – und merkte, dass sie wieder aufholte. Da erst begriff sie, dass auch die grüne Meeresschildkröte die ganze Zeit über nichts anderes getan hatte: Kam ihr eine Welle entgegen, paddelte sie nur gerade so viel, dass sie ihre Position halten konnte. Wenn die Welle zurück in den Ozean strömte, nutzte sie die Bewegung und ließ sich von ihr mitnehmen. Sie passte also ihre eigenen Kräfte denen der Strömung an. Viele Menschen machen es genau umgekehrt: Sie strampeln und paddeln gegen jede Welle und verausgaben sich, ohne wirklich voranzukommen. Wer nicht seinem wahren Lebenszweck folgt, wird gegen eine unsichtbare Strömung ankämpfen. Und irgendwann ist man dann so erschöpft, dass man dann weder Zeit noch Kraft hat, seine wahren Wünsche zu verfolgen. Wir sollten also möglichst früh anfangen, das Leben wie die grüne Meeresschildkröte zu nehmen. Sonst paddeln wir nur weiter durchs Leben, ohne Sinn und Ziel [45].

> Wer nicht seinem wahren Lebenszweck folgt, wird gegen eine unsichtbare Strömung ankämpfen.

In diesem Buch habe ich bisher einige sehr wirksame Werkzeuge aufgezählt, die Ihr Selbstvertrauen stählen wie nichts anderes auf der Welt. Aber nichts ist so mächtig wie seinen Lebenssinn zu kennen. Es ist mit Abstand die mächtigste Waffe, um sein Selbstvertrauen auf eine höhere Ebene zu bringen. Dabei sind zwei wesentliche Dinge zu beachten: Der Lebenssinn muss im eigenen Herzen gewachsen sein! Das bedeutet, dass ein Mensch auf der Suche nach seinem Lebenssinn nicht gegenüber mächtigen Sinnstiftern wie Diktatoren, Sektenführern oder sonstigen religiösen Predigern hörig wird. Solche Sinnstifter verleiten möglicherweise dazu, sich mit Haut und Haar der angeblich guten Sache zu verschreiben und das eigene ganz persönliche Lebensglück hintanzustellen oder sogar zu verachten. Nur aus der totalen Hingabe an die gemeinsame Aufgabe darf in solchen Gemeinschaften Zugehörigkeit, Selbstwertgefühl und eine haltgebende Identität entstehen. Das wäre eine eklatante Fehlentwicklung und nicht hilfreich, unser Selbstvertrauen zu stärken. In diesem Falle definieren wir unser Selbstvertrauen leider ausschließlich über diese gemeinsame Identität [46].

> Der Lebenssinn muss im eigenen Herzen gewachsen sein.

Der zweite Punkt ist, dass die Lebenserfüllung in mehreren Bereichen gesucht wird und nicht ausschließlich in einem Feld. Schulz von Thun spricht von einem erfüllten Leben, wenn sich nicht nur *Ihre* Träume erfüllt haben. Kein Mensch kann und will ein Leben führen, das nur der Erfüllung eigener Wünsche dient. Wir wollen auch einen Beitrag leisten zum Gelingen des Ganzen, von dem wir ein Teil sind [47]. Wir sollten uns nicht nur fragen: „Was hat sich mir erfüllt?", sondern auch, „Was hat sich durch mich erfüllt?". Eine Freundin von mir hat es sich zum Lebensmotto gemacht, jeden Ort, den sie besucht, immer besser und schöner zu hinterlassen, als sie ihn vorgefunden hat. Dieser Vorsatz gefällt mir und ist sehr ehrenwert.

5.3.2 Ziele setzen

Bei KZ-Häftlingen wurde nachgewiesen, dass jene, die einen Sinn im Leben hatten, eine weitaus höhere Überlebenschance hatten als diejenigen, die nichts hatten, worauf sie nach der Gefangenschaft gewartet hatten. Der österreichische Neurologe und Holocaust-Überlebender, Viktor E. Frankl, stellte dazu interessante Forschungen an. Während seiner Zeit im Konzentrationslager Auschwitz und anderen Lagern beobachtete Frankl das Verhalten der Häftlinge und kam zu dem Schluss, dass jene, die einen tieferen Sinn oder einen Zweck in ihrem Leben sahen, eine größere Überlebenschance hatten. Frankl argumentierte in seinem berühmten Buch „Man's Search for Meaning", dass diejenigen, die einen Sinn im Leben fanden, eine innere Ressource hatten, die ihnen half, die extremen Herausforderungen und das Leiden im Lager zu überstehen. Zufällig stolperte ich über den Spiegel-Bestseller „Das Mädchen aus dem Lager". Die schockierende, nach wahren Begebenheiten erzählte Geschichte einer Holocaust-Überlebenden, ein junges Mädchen namens Cilca, die im Anschluss zu Unrecht von den Sowjets für ganze acht Jahre in ein sibirisches Arbeitslager gesteckt wird, trieb mir während des Lesens die Tränen in die Augen. Ich stellte mir immer wieder die Frage, wieviel Leid und Unrecht ist ein Mensch imstande zu ertragen? Auch diese tapfere Cilca hat etwas in ihr gespürt, eine höhere Kraft, die sie auch in den herzzerreißendsten Momenten immer wieder antrieb, durchzuhalten. Diese Kraft kam hauptsächlich aus dem Traum und der Hoffnung, irgendwann, nach all den Qualen, ein schöneres Leben zu haben [48]. Daraus schließe ich, wieviel mehr an Energie unser Körper imstande ist bereitzustellen, nur wenn wir für uns einen Sinn im Leben sehen.

Dass das Leben eine Mission und kein Urlaub ist und uns Freizeit ohne Ende nicht gut tut, vermutete bereits Stephen Covey. Auf Dauer wird uns die Flucht ins Nichtstun nicht glücklich machen. Das bestätigen viele erfolgreiche Menschen. Leider gewöhnen wir uns schnell an völlig sinnlose Aktivitäten wie stundenlanges Konsumieren von Social Media oder bis zum Mittag im Bett bleiben. Besonders Menschen im Ruhestand sind in Gefahr, ihre Zeit und ihr Leben mit Nichtigkeiten zu vergeuden. Ein Ziel und eine sinnvolle Beschäftigung auch im Alter zu haben, wirkt wie ein Jungbrunnen. Ein Blick in die Vergangenheit zeigt: Die wirklich großen Männer und Frauen der Geschichte haben niemals aufgehört, neue Wege auf ihrer Lebensreise zu entdecken [49].

> Das Leben ist kein Urlaub. Freizeit ohne Ende tut uns nicht gut.

Manchmal stelle ich in meinem Umfeld fest, dass einige Menschen sehr bescheiden sind, was ihre Ziele betrifft. Vielleicht liegt es auch daran, dass es ihnen im Kindesalter abgewöhnt wurde. Sie kennen mit Sicherheit die unwiderstehliche Antwort von Erwachsenen, wenn Kinder etwas unbedingt durchsetzen *wollen:* „Der Willi ist in den Bach gefallen". Klarerweise ist es wichtig, einem heranwachsenden Kind, das die vollen Auswirkungen seiner Handlungen nicht einschätzen kann, nicht allem Wollen nachzugeben. Diese Zurechtweisung ist auch in guter Absicht und in dieser Phase für das Kind überlebenswichtig. Aber im Erwachsenenalter müssen wir uns bewusstwerden, dass die Form „Ich will" auf jeden Fall stärker ist als „Ich möchte". „Ich will" ist nicht per sè negativ, wie vielleicht einige das aufgrund ihrer Kindheit abgespeichert haben. Die Wahrheit ist jedoch: „Ich will" ist um ein Vielfaches stärker als

„Ich möchte". Ich fordere mich mehr, wenn ich zu mir „Ich will" sage. Ich muss nur überlegen, was ich dafür tun kann. Und es ist auf jeden Fall erfolgreicher als wenn ich mir gar nichts vornehme. Dabei vergessen Sie bitte den bekannten Einwand: „Das ist doch nicht realistisch!" Lassen Sie sich davon nicht von Ihrem Ziel abbringen, denn es gibt niemanden, der wirklich „realistisch" abschätzen kann, was realistisch ist. Und Fortschritt kann aber nur dann entstehen, wenn Menschen an Dinge glauben, die es erst noch zu beweisen gilt. Und die Menschheitsgeschichte ist voll von großartigen Menschen, die immer wieder das zu dem Zeitpunkt scheinbar Unmögliche geschafft haben. Die Alternative, sich müde zu arbeiten ohne ein Ziel, bezeichnet Marc Aurel als die größte Torheit [50].

> Es gibt niemanden, der realistisch abschätzen kann, was realistisch möglich ist.

Es ist wichtig, wie bereits bei den Erfolgen festgestellt, dass wir regelmäßig unsere Ziele erreichen. Das lässt unser Vertrauen in unsere Fähigkeiten, besonders auch in unsere Planungsfähigkeiten, ständig wachsen. Wir vertrauen verstärkt darauf, dass wir das, was wir uns vornehmen, schaffen können. Ein meisterhaftes Gelingen unseres Zeitmanagement kann in einem Satz wie folgt zusammengefasst werden: Alles umgesetzt zu haben, was wir uns vorgenommen haben!

5.3.3 Ziele erreichen

Die Umsetzung eines Plans dauert zehn Mal so lange, wenn wir keine Vorbilder haben. Egal wie gut ausgearbeitet unser Plan auch sein mag und wie beherzt wir das

Projekt auch in Angriff nehmen mögen. Wenn wir uns auf diejenigen stützen, die das Ziel, das wir selbst in Angriff nehmen, bereits erreicht haben, wird der Weg dorthin sehr viel kürzer [51].

Steffi Nerius ist der Meinung, dass ein fester Tagesrhythmus mit nicht allzu sprunghaften Veränderungen und eine spürbare Regelmäßigkeit im Leben doch Merkmale sind, die man immer wieder bei Menschen beobachten kann, die Höchstleistungen erbringen. Die festen, kalkulierbaren Abläufe machen den Kopf frei dafür, sich mit den anstehenden Aufgaben zu beschäftigen. Anstatt ständig wechselnde Termine, unglaublich flexible Arbeitspläne und unfertige Diskussionen im Kopf behalten zu müssen, wie sie es nennt [52].

Die erfolgreiche Umsetzung einer Planung hängt vielleicht stark von unseren Erwartungen ab. Das bedeutet im Grunde, ob wir unserer Planung tatsächlich auch glauben, dass wir sie erreichen können. Und was wir erwarten, geht ganz stark von uns selbst aus. Was dann aber kommt, da haben wir nicht direkten Einfluss. Und deshalb sollten wir unsere Erwartungen etwas zurückschrauben. Oder unsere Erwartungen sollten auf keinen Fall negativ sein. Wir haben dies bereits im Zusammenhang mit dem Nocebo-Effekt besprochen. Wenn wir glauben, dass bestimmte Handlungen negative Auswirkungen haben werden, dann treffen sie mit größerer Wahrscheinlichkeit ein. Das ist der Effekt der sich selbsterfüllenden Prophezeiung. Grundsätzlich gilt: Das Vertrauen in sich selbst ist der Schlüssel zum Erfolg. Denn: Ob Sie glauben, dass Sie es schaffen, oder ob Sie glauben, dass Sie es nicht schaffen, Sie werden immer Recht behalten.

Literatur

1. Dobelli, Rolf (2024): Die Not-To-Do-Liste: 52 Wege, die größten Lebensfehler zu vermeiden. Seite 137, 2. Auflage, München, Piper Verlag GmbH.
2. Amishi P., Jha (2022): Peak Mind. In nur zwölf Minuten am Tag zu mehr Konzentration und Aufmerksamkeit, Seite 187, München, Redline Verlag.
3. Amabile, Teresa M. (2011): The Power of Small Wins. https://hbr.org/2011/05/the-power-of-small-wins (aufgerufen am 02.01.2025).
4. Kirchner, Baldur (2016): Wir werden als Originale geboren, sterben aber als Kopien: Warum wir Identität und Autonomie zur Lebensbewältigung brauchen. Seite 3, Ettenbeuren, Vortrag gehalten am 29.04.2016. https://kirchner-seminare.de/wp-content/uploads/2023/08/Kirchner_Texte-Wir_werden_als_Originale_geboren.pdf (aufgerufen am 02.01.2025).
5. Seneca, Lucius Anneus (2023): Briefe an Lucilius. Mit einer ausführlichen Einleitung von Robin Campbell, Seite 174, gebundene Ausgabe, München, Finanzbuchverlag.
6. Branson, Richard (2010): Geht nicht, gibt's nicht. So wurde Richard Branson zum Überflieger. Seine Erfolgstipps für Ihr (Berufs-)leben. 2. Auflage, Kulmbach: Börsenmedien AG.
7. Backhaus, Julien (2021): Bullshit Rules: 50 Regeln, die Sie brechen müssen, um Erfolg zu haben. Seite 27, München, Finanzbuchverlag.
8. Hager, Mike (2022): Mikes Mindsetminuten: 77,5 Erfolgsgesetze für dein geiles Leben. Seite 200, München, FinanzBuch Verlag.
9. Goldmann, Marie-Luise (2023): Warum plötzlich alle Tagebuch schreiben, veröffentlicht am 31.12.2023 in welt.de. https://www.welt.de/kultur/plus249053522/Psychologie-Warum-ploetzlich-alle-Tagebuch-schreiben.html (aufgerufen am 18.09.2024).
10. Lorenz, Timo, Algner, Mona, Binder, Benjamin (2022): A Positive Psychology Resource for Students? Evaluation of

the Effectiveness of the 6 Minutes Diary in a Randomized Control Trial. 31.05.2022, ORIGINAL RESEARCH article. https://www.frontiersin.org/journals/psychology/articles/10.3389/fpsyg.2022.896741/full (aufgerufen am 02.01.2025.
11. Covey, Stephen R. (2023): Die sieben Wege zur Effektivität. Prinzipien für ein glückliches und erfülltes Privatleben, Seite 53 ff., 2. Auflage, Offenbach, Gabal Verlag.
12. Seneca, Lucius Anneus (2023): Briefe an Lucilius. Mit einer ausführlichen Einleitung von Robin Campbell, Seite 133, gebundene Ausgabe, München, Finanzbuchverlag.
13. Aurel, Marc (2018): Selbstbetrachtungen, Seite 51, Eclassica.
14. Covey, Stephen R. (2023): Die sieben Wege zur Effektivität. Prinzipien für ein glückliches und erfülltes Privatleben, Seite 306, 2. Auflage, Offenbach, Gabal Verlag.
15. Schulz von Thun, Friedemann (2021): Erfülltes Leben: Ein kleines Modell für eine große Idee. München, Carl Hanser Verlag GmbH & Co KG.
16. Schäfer, Bodo (2024): Zeit zum Lernen, Coachingbrief Nr. 253, Bergisch Gladbach, Bodo Schäfer Akademie GmbH.
17. Amishi P., Jha (2022): Peak Mind. In nur zwölf Minuten am Tag zu mehr Konzentration und Aufmerksamkeit, Seite 89, München, Redline Verlag.
18. Backhaus, Julien (2021): Bullshit Rules: 50 Regeln, die Sie brechen müssen, um Erfolg zu haben. Seite 23, München, Finanzbuchverlag.
19. Seneca, Lucius Anneus (2023): Briefe an Lucilius. Mit einer ausführlichen Einleitung von Robin Campbell, Seite 53, gebundene Ausgabe, München, Finanzbuchverlag.
20. Covey, Stephen R. (2022): Die 3. Alternative: Gemeinsam Konflikte klären, Probleme lösen & große Ziele erreichen. Seite 272ff, 3. Auflage, Offenbach, Gabal Verlag GmbH.
21. Rossi, Ernest und Nimmons, David (2013): 20 Minuten Pause, Wie Sie seelischen und körperlichen Zusammenbruch verhindern können. Seite 42ff, 7. Auflage, Paderborn, Jungerfermann Verlag.

22. Amishi P., Jha (2022): Peak Mind. In nur zwölf Minuten am Tag zu mehr Konzentration und Aufmerksamkeit, Seite 231, München, Redline Verlag.
23. Küper, Wolf (2018): Eine Million Minuten. Wie ich meiner Tochter einen Wunsch erfüllte und wir das Glück fanden, Seite 37, 2. Auflage, München, Penguin Verlag.
24. Aurel, Marc (2018): Selbstbetrachtungen, Seite 35, Eclassica.
25. Schilling, Jürgen (2003): Kau dich gesund. Jünger und fitter durch Kau-Jogging. Der genussvolle Weg zur Traumfigur. Schmauen: die neue Esskultur. 5. Auflage, Ehrenwirt, Verlagsgruppe Lübbe GmbH & Co KG.
26. Seneca, Lucius Anneus (2023): Briefe an Lucilius. Mit einer ausführlichen Einleitung von Robin Campbell, Seite 56, gebundene Ausgabe, München, Finanzbuchverlag.
27. Seneca, Lucius Anneus (2023): Briefe an Lucilius. Mit einer ausführlichen Einleitung von Robin Campbell, Seite 172, gebundene Ausgabe, München, Finanzbuchverlag.
28. Nerius, Steffi (2011): Der ganz große Wurf, Mentale Strategien einer Weltmeisterin im Alltag nutzen. Seite 38, Ostfildern, Patmos Verlag der Schwabenverlag AG.
29. Carnegie, Dale (2014): Wie man Freunde gewinnt. Die Kunst, beliebt und einflussreich zu werden. 6. Auflage, Frankfurt, Fischer Taschenbuch Verlag.
30. Carnegie, Dale (2014): Wie man Freunde gewinnt. Die Kunst, beliebt und einflussreich zu werden. Seite 266, 6. Auflage, Frankfurt, Fischer Taschenbuch Verlag.
31. Schäfer, Bodo (2019): Der Weg zur finanziellen Freiheit. Ihre erste Million in 7 Jahren. 2. Auflage, Bergisch Gladbach, Bodo Schäfer Akademie GmbH.
32. Covey, Stephen R. (2022): Die 3. Alternative: Gemeinsam Konflikte klären, Probleme lösen & große Ziele erreichen. 3. Auflage, Offenbach, Gabal Verlag GmbH.
33. Amishi P., Jha (2022): Peak Mind. In nur zwölf Minuten am Tag zu mehr Konzentration und Aufmerksamkeit, Seite 20, München, Redline Verlag.

34. Amishi P., Jha (2022): Peak Mind. In nur zwölf Minuten am Tag zu mehr Konzentration und Aufmerksamkeit, Seite 191ff, München, Redline Verlag.
35. Amishi P., Jha (2022): Peak Mind. In nur zwölf Minuten am Tag zu mehr Konzentration und Aufmerksamkeit, Seite 219, München, Redline Verlag.
36. Holzer, Andy (2010): Balanceakt: Blind auf die Gipfel der Welt. Seite 229, Olten, Walter Verlag.
37. Schäfer, Bodo (2024): Die Gerechtigkeitsfalle Teil 2, Coachingbrief Nr. 123, Bergisch Gladbach, Bodo Schäfer Akademie GmbH.
38. Holzer, Andy (2010): Balanceakt: Blind auf die Gipfel der Welt. Seite 167, Olten, Walter Verlag.
39. Stahl, Stefanie (2023): Vortrag Greator. Deshalb besitzt du so ein schlechtes Selbstwertgefühl. Hochgeladen am 08.01.2023. https://www.youtube.com/watch?v=TwdKPIgnDSw&list=WL&index=24&t=1410s (aufgerufen am 04.12.2024).
40. 44. Galinsky, A. D., & Adam, H. (2012). Enclothed cognition. Journal of Experimental Social Psychology, 48(4), 918–925.
41. Gauck, Joachim (2012): Freiheit. Ein Plädoyer. Seite 12, 6. Auflage, München, Kösel-Verlag.
42. Lange, Dieter (2018): Auszeit nehmen: Wie du den Sinn deines Lebens findest. Greator: hochgeladen am 23.11.2018. https://www.youtube.com/watch?v=pmBDCZ-qWNA (aufgerufen am 04.12.2024).
43. Jung, Carl Gustav (1964): Die Psychotherapie in der Gegenwart. Deutsche Ausgabe: Enthalten in „Gesammelte Werke", Band 16: Praxis der Psychotherapie. Olten, Walter Verlag.
44. Covey, Stephen R. (2023): Die sieben Wege zur Effektivität. Prinzipien für ein glückliches und erfülltes Privatleben, Seite 88, 2. Auflage, Offenbach, Gabal Verlag.
45. Strelecky, John (2017): Das Cafe am Rande der Welt. Eine Erzählung über den Sinn des Lebens. 5. Auflage, München, dtv Verlagsgesellschaft mbH & Co. KG.

46. Schulz von Thun, Friedemann (2021): Erfülltes Leben: Ein kleines Modell für eine große Idee. Seite 51, München, Carl Hanser Verlag GmbH & Co KG.
47. Schulz von Thun, Friedemann (2021): Erfülltes Leben: Ein kleines Modell für eine große Idee. Seite 12, München, Carl Hanser Verlag GmbH & Co KG.
48. Morris, Heather (2020): Das Mädchen aus dem Lager. Der lange Weg der Cecilia Klein. München, Piper Verlag.
49. Covey, Stephen R. (2022): Die 3. Alternative: Gemeinsam Konflikte klären, Probleme lösen & große Ziele erreichen. Seite 307ff, 3. Auflage, Offenbach, Gabal Verlag GmbH.
50. Aurel, Marc (2018): Selbstbetrachtungen, Seite 21, Eclassica.
51. Strelecky, John (2020): Was ich gelernt habe: Erkenntnisse für ein glückliches Leben. Seite 94, 2. Auflage, München, dtv Verlagsgesellschaft mbH & Co KG.
52. Nerius, Steffi (2011): Der ganz große Wurf, Mentale Strategien einer Weltmeisterin im Alltag nutzen. Seite 106, Ostfildern, Patmos Verlag der Schwabenverlag AG.

6
Resümee und Zukunftsaussichten

Sie haben jetzt viele Zusammenhänge zwischen unserem Zeitbewusstsein und unserem Selbstbewusstsein kennengelernt. Sie haben gesehen, dass sie sich gegenseitig bedingen. Wenn wir die Zeit, die wir haben, für uns sinnvoll nutzen wollen, dann kommen wir nicht umhin, uns unser selbst bewusst zu werden. Veränderung und Resilienz beginnt immer mit dem Blick auf innen und nicht nach außen. Die Fragen, wer wir wirklich sind, was wir möchten und wo unsere Reise hingehen soll, bringen uns voran. Wir sollten uns Gedanken über unseren Lebenskompass machen und uns unserer Lebensziele bewusst werden. Bestimmt ist das nicht einfach. Über uns nachzudenken ist anstrengend und eine Aktivität. Bewusstsein entsteht durch Bewusstwerden. Und das ist ein Tun-Wort. Bewusstsein bedingt deshalb auch immer eine Wiederholung des Tuns. Zeitbewusstsein und Selbstbewusstsein sind Prozesse. Sie unterliegen einer stetigen Veränderung. Das bedeutet aber auch, wenn wir nichts tun, dann ändert

© Der/die Autor(en), exklusiv lizenziert an Springer Fachmedien Wiesbaden GmbH, ein Teil von Springer Nature 2025
G. Thaler, *Vom Zeitmanagement zum Zeitbewusstsein*, Fit for Future, https://doi.org/10.1007/978-3-658-47600-7_6

sich trotzdem etwas. Das müssen wir verstehen. Aufgrund dieser Tatsache sollten wir unseren heutigen Standpunkt immer wieder hinterfragen.

> Zeitbewusstsein und Selbstbewusstsein sind Prozesse.

Wir können uns sicher sein: Unseren Lebenssinn zu kennen, ist der mächtigste Einflussfaktor für unser Zeitbewusstsein und Selbstbewusstsein. Nichts anderes wirkt so befreiend und schenkt uns so viel Energie. Dabei stellte Amishi fest, dass vermehrte Aufmerksamkeitsprobleme bei uns dazu führen können, dass wir entweder die falsche Richtung einschlagen oder ziellos dahintreiben [1]. Das heißt, dass wenn wir zu unaufmerksam sind in unserem Leben, wir uns womöglich für den falschen Weg entscheiden. Wobei vom Weg abkommen zum Leben dazugehört. Es führen nämlich viele Wege zu unserem Ziel. Wichtig ist die eingeschlagene Richtung. Das Leben findet doch auf dem Weg zum Ziel statt.

Die in diesem Buch angesprochenen Instrumente und Werkzeuge machen zusammen vielleicht einen täglichen Zeitaufwand von einer Stunde aus. Wer aber keine Zeit für sich selbst hat, der hat zu wenig Zeit. Wir haben nicht mehr oder weniger Zeit als von Morgen zu Morgen und von Jahr zu Jahr. Wir haben manchmal Angst, etwas zu versäumen. So hetzen wir durchs Leben und versäumen gerade durch unsere Eile das Wesentliche. Stress und Beschäftigt-Sein heißt noch nicht, dass viel getan ist. Das Leben wird sich vor uns erst entfalten, wenn wir uns Zeit dafür nehmen [2]. Vielfach passiert es uns, dass wir Zeit einsparen wollen durch unsere Hast und brauchen diese Zeit, um uns von dieser Hetze zu erholen.

> Beschäftigt-Sein heißt noch nicht, dass viel getan ist.

Wenn wir unseren Kompass kennen, steigt unsere Produktivität enorm. In meinen Augen sind wir genau dann optimal produktiv, wenn wir das erreichen, was wir uns vorgenommen haben. Ich glaube, es ist ein großer Vorteil, wenn wir Persönlichkeitsentwicklung nicht erst mit 40 Jahren beginnen. Vor allem, weil unsere bekannten Strukturen uns kaum noch Orientierung bieten können, ist es wichtiger denn je, Persönlichkeitsentwicklung bereits in der Schule zu initiieren. Schule hat meiner Meinung nach die Aufgabe, die nötigen Impulse zu setzen, dass Jugendliche sich bereits früh mit ihrer eigenen Persönlichkeit auseinandersetzen über die unvermeidbaren Herausforderungen der Pubertät hinaus. Keine Entwicklung bedeutet Stillstand. Das gilt auch für die Persönlichkeitsentwicklung.

Ich möchte Sie am Ende meines Buches mit einem leicht ergänzten Zitat, das dem brasilianischen Schriftsteller Mario de Andrade zugeschrieben wird, inspirieren: „Zeitbewusstsein bedeutet im Grunde, zwei Leben zu haben: Das zweite beginnt, nachdem Ihnen bewusstwird, dass Sie nur ein Leben haben." Zu Ende gedacht, bedeutet Zeitbewusstsein für mich, dass keine Wünsche mehr offenbleiben.

Literatur

1. Amishi P., Jha (2022): Peak Mind. In nur zwölf Minuten am Tag zu mehr Konzentration und Aufmerksamkeit, Seite 78, München, Redline Verlag.
2. Körner, Heinz (1989): Johannes. Erzählung. Seite 98, 29. Auflage, Fellbach, Lucy Körner Verlag.

The manufacturer's authorised representative in the EU is Springer Nature Customer Service Centre GmbH, Europaplatz 3, 69115 Heidelberg, Germany. If you have any concerns regarding our products, please contact ProductSafety@springernature.com

Printed and bound by CPI Group (UK) Ltd, Croydon, CR0 4YY

25/03/2026

02078191-0001